冒険者たち

冒険者たち

特権的文学のすすめ

鈴木創士

SUZUKI Soshi

Artaud

Jabès

Beckett

Godard

Céline

Breton

Paul Auster

Egon Schiele

Jean Genet

Giacometti

Murobushi Ko

Miyazawa Kenji

水声社

水声文庫

目次

すべてのレティシアへ

はじめに――転倒と日々

突然、若いカメムシが都会のコンクリートの上でひっくり返った。あたりがしんと静まり返る。さっきまでカメムシは少し動いては立ち止まっていたが、私は黙っていたし、彼の邪魔をしなかった。カメムシは、地図のない国、遠くの国からやって来たようだった。遠くの国がどこなのか私は知らない。

ひっくり返ったカメムシはそれでもまだ生きていた。出来事は生きているうちに起きている。私は日々の生活を振り返る。オスカー・ワイルドは自分の日記が最も刺激的な読み物だと言っていたが、ほとんどの人にとってそれが人生の結論というわけにはいかないだろう。私はワイルドのように刺激的な毎日を送っていないが、いつ死ぬことになろうと、私の神経症は嵩《こう》じるばかりであるし、それで済めばまだいいほうだ。ここに掲載した最初のエッセーは砂漠で渇死した日本人についてであるが、転倒するくらいなら我々の日常の出来事である。渇死から転倒まで色々ある。だが目の前からこのざらついた私の日々は消えてくれそうにない。なぜなら「芸術（芸術？）は短く、人生は長い(1)」と人は思い知るからだ。芸術的結末に連なる瞬間は持続の観念と無縁であるし、これら無償の特権的瞬間は全てから孤立している。だからこそ文学は冒険となるのである。

私はカーキ色の外套を持っていて、それを着ると、カメムシの真似ではないが、なぜか決まったように道でひっくり返ることがある。足が悪くて杖をついているからといえばそれまでだが、たぶんとりとめのない考えごと、そして考えることのできない状態が転倒の兆《きざ》しとなる。外套が長いからということにしているが、たいてい一点集中をともなったいわば酩酊的思考のせいなのだろう。だが転倒するのであれば、ただで起き上がってはならない。少しは目覚めねばならない。ともあれ、人が見れば大怪我をするようなひっくり返り方である。芝居がかっているわけではないが、そういうときはほぼ怪我をしない。友人のひとりは階段から落っこちて死んだが、今のところ私は落ちない。直角に移動できる虫みたいに、瞬時のこつみたいなものがある。絵師菊池容斎に倣って言えば、「法」もなく「流」もなしにひっくり返ればいいのだ。だがこれこそが「法」であるのかもしれない。その他のものに行動がともなえば、法はすでに説かれていたではないか。とはいえこんなことはまだ初心者の言い草でしかない。

容易に人を寄せつけない冒険があり、思いがけない転倒がある。このエッセー集に収められた文章も日々の「転倒」に近いのではないかと思う。私は自分でも形容しがたい「転倒」の音楽をやっているミュージシャンであるが、その点でだけ私の文学と音楽は冒険に似ているかもしれない。

(二〇二五年二月)

(1) 死の直前、坂本龍一は「Ars longa, vita brevis. 芸術は長く、人生は短い」というヒポクラテス由来の格言を引用していたが、私の反対命題は坂本氏に敬意を表してのことである。昔、私は彼の友人であった。坂本龍一についての私の文章は『ひとりっきりの戦争機械』(青土社)所収の「坂本龍一　ニューヨーク・ノー・ニューヨーク」を参照されたし。

1　砂漠の日本人《ジャポネ》

上温湯隆《かみおんゆたかし》という若き冒険家がいた。東京町田の高校を一年で中退し、一九七〇年に海外へ旅立つ。十七歳だった。アジアからヨーロッパへ、そしてアフリカへ向かう。エジプト、スーダン、エチオピア、タンザニア、マラウイ、モザンビーク、ザンビア、ザイール、中央アフリカ、カメルーン、ナイジェリア、ダオメ、トーゴ、ガーナ、コートジボワール、マリ、ニジェール、アルジェリア。

その後、彼はまた長い旅へと出発する。まるで義務のように。一九七三年十二月、地の果てアルジェリアのアルジェへ戻る。あちこちで旅の日々を過ごした後、彼はモーリタニアのヌアクショットで腹心の部下となるラクダを買った。たったひとりラクダにまたがってサハラ砂漠を横断しようというのだ。誰が考えようと、はじめから危険な旅であることはわかっていた。ひとりっきりのサハラ横断は夢のまた夢であったが、それが現実味を帯び、目の前にあるこの非現実的世界のなかで、現実となることを彼は欲した。とにかく移動すること。ここではなく他処《よそ》へ向かうこと。その移動には別種の揺るぎない不動性がある。彼は何度もそれを確かめようとした。それまでラクダに乗ってひとりでサハラを横断した外国人はいなかった。イギリス人かフランス人が失敗しただけであったし、現地の人間にとってもありえない無謀な企てだった。サハラを駱駝でひとり横断した者はいないのだ。上温湯隆のラクダはアラビア語で「サーハビー」（わが友）と名づけられた。

出発は、出発の前に、心のなかで幾度となく繰り返された。そこに慣れ親しんだ風景はない。とにかく何としても出発しなければならない。できるだけ遠くへ旅立たねばならない。そうでなければおよそ帰還はない。ほんとうは冒険家はとにかく帰りたいのだ。だが、カフカが書いていたように、ある一点から先に帰還はない。

三界に家はなかった。遥かな迂路は遠くて険しい。どこまで行こうと地の果てだ。長くてつらい旅が待っている。たとえ家路についたとしても、許嫁《いいなずけ》も花嫁も待ってはいない。彼の場合は、関東に病弱だった母がいただけである。烈々たる殺人的太陽は容赦ないどころではなかった。草も生えない。大気は乾ききって、地は焼け焦げている。灼熱の砂だけがどこまでも続く。砂をすくうことはできるが、砂自体はどこにもこぼれない。砂しかないのだから、こぼれても意味がない。夜は寒い。泉は遥か彼方。だから急いで何度も出発しなければならないのだ。

おまえに追いつこうと、私はもうひとつの辛い途を辿ったのだ。
そこでは塩が塩を砕いていた。
おまえに追いつこうと、私は他の時間、他の岸辺を辿った。
夜はひとつの手だ、夜に従うものにとっては。
夜には、すべての道が下る。

（エドモン・ジャベス『問いの書』、書肆風の薔薇／水声社）

彼の眼前にはいつも旅の予感を孕んだものだけがあった。世界が輝いて見えたとすれば、すべてが旅を準備するためにあったからだ。それに誰もが流れ者に見えた。だから旅立つしかない。川があれば渡ったであろうが、ここはサハラである。対岸はない。蜃気楼のなかでさえ砂漠に対岸はあるのだろうか。この世に見ておきたいものはあったのだろうか。

旅の道連れはいなかったが、街に辿り着くと、現地の日本人はいろいろ世話をしてくれた。歓待も受けた。日本国内では稀にしか見られないことだろうが、同胞の優しさだった。一宿一飯の恩義があった。名もなき町の街角や砂漠のまんなかで、旅のひとときがいかに危険に満ちたものであったとしても、あちこちで彼に好意を示す現地の人たちもいた。もう彼らと会うことはないだろう。中継地のような小さな町で外国人に出くわすと、外国人どうしのよしみで友だちになった。彼らとはその時々の街で別れた。フランス人青年が金を握らせてくれたこともあった。「じゃあ、達者でな、ジャポネ！」ひとりっきりのジャポネは水を汲み、食料を積んで、夢想を中断した。またぞろ出発を繰り返すしかなかった。

「私は憶い出す。あれからずいぶんたった。シナイの砂漠でのこと。われわれは一緒だった。君と私」。
「あれ以来、半世紀以上の時が流れた」。（エドモン・ジャベス『歓待の書』、現代思潮新社）

いや、彼はずっとひとりだった。砂漠の町や、からからに乾いた道ですれ違い、友人になった人とたぶんもう会うことはないのだから、彼は自分の孤独を釘づけにした。一緒だったこともあるのに、一緒ではなかった。五十年後はない。砂漠のオアシスで放浪の民ベドウィンたちともすれ違った。食べ物を要求するケチな遊牧民もいたが、別のテントからは女性の手によって夕食が届けられたりもした。たいてい空腹だったが、米も、殺した羊も食べることができた。泥のように眠った。つねに彼の水と食料は乏しい。ラクダにも大量に水を飲ませなければならない。苛立ったり陽気になったりしたことは想像にかたくない。彼の心の皮袋のなかはいつも空っぽになる恐れがあった。ガルシア・ロルカのように、風に吹かれ、草原を馬で駆けているのではない。ここの風は恐ろしい砂嵐だ。心が干上がるのをおしとどめねばならなかった。そのことはよくわかっていた。だが砂漠は彼を歓待していた。

《入れ》、と彼は言っていた。《場所のすべてはお前のためにある》。


もしおまえが私の友人なら、私の扉を叩かずに私の家へ入りたまえ。

もしおまえが私が誰であるのか知らないなら、私がおまえの来る日をいまかいまかと数えていたことを知りたまえ。

おお、私が選んだ兄弟、傷つきやすい異邦人よ。


《もしおまえが歓待を拒絶されるのなら、この拒否がおまえに割り当てられるようにしたまえ。

《そうすれば、おまえは他人にひとつの叡智の見事な教えを与えるであろう》、と彼は教えていた。

《ああ、どうか一晩以上おまえの油のランプが燃えますように、そして人を励ますおまえの犬の吠え声が、昼にはどうか警戒心を起こした渡し守の心を喜ばせますように。

《異邦人は恐らく自分が荒涼たる砂の国に入り込んだことを理解するであろう、そこでは歓待は生き延びるための保証なのだ》、と彼はさらに教えていた。

そして彼はつけ加えて言うのだった、《この国は書物なのだ》。

（『歓待の書』）

彼はラクダに揺られながら、あるいは辿り着いた小さな町で日本語の本を貪るように読んだ。日本の古典や川端康成さえも。砂丘の登攀のさなか、ラクダに揺られて、『伊豆の踊り子』を読む。砂漠の町で『雪国』を読む。ぴんとこなかった。この青年は遥か日本のことを思っていた。どうしてなのか。答えは旅のなかにしかないことを彼はあらかじめ知っていたが、それが彼の矜持であり潔癖さであった。

途中でしばらく一緒になったキャラバン隊の影が砂丘を渡っていく。ラクダにまたがり、それを後方から眺めながら、彼は「月の沙漠」を口ずさむ。「月のさばーくをーはーるーばるとー、旅のーラクダはーゆーきーましたー……」。我々が聞くとこの歌は悲しげに聞こえるが、鼻歌を歌い、ラクダに揺られ、サーハビーの背中を撫でながら、彼はひとり失笑したことだろう。歌の続きに登場する「お姫様」はいなかった。彼はむしょうにビールが飲みたくなった。

どこか小さなオアシスへ何としても辿り着くために、そのためだけにわざわざ砂漠を彷徨《さまよ》うのだろうか。それとも砂漠を彷徨うためにこそ、井戸を目指すというのか。砂漠の中心は井戸だったのだろうか。詩人エドモン・ジャベスが言うように、中心が喪であるとすれば、灼熱の太陽の下で、井戸はその喪の裏側にあった。時には砂まじりの濁った水を湛える井戸、それが死の象徴の裏面であった。砂漠はたえず彼を凌駕するが、彼は危機を弄んでいたのではない。そのためにはどんなときも用意周到であらねばならない。だが、水があと一滴しか残されていないこともあった。彼はあらゆる危険を考え抜く。砂漠の思考とはそれである。

彼は何度か目指す方向を間違える。何十キロもの距離を無駄にし、横断は遠のく。砂嵐の襲来で眼鏡もなくした。道を辿り直さねばならない。ラクダを中継地で放し飼いにしていると姿が見えなくなり、数日間探し回ることもあった。わが友を見つけたら、また出発だ。彼の足が痛み、ラクダの足も傷んだようだった。試練のたびに生と死の秤は平衡を保とうとする。死を願うものとは何だろう。死ぬことを阻止しようとするものとは何だろう。彼は「砂漠の向こうに何がある?」と手記(『サハラに死す』、山と渓谷社)に書いていた。

だがその時がやって来る。腹心の部下サーハビーが寂しげな目をしてついに動けなくなる。何とか引っ張って緑の木陰で休ませる。彼はたぶん半狂乱になり、砂丘を五キロほど徒歩で戻って助けを探しに行く。翌日、ひとりで戻ると、サーハビーが死んでいる。もう禿鷹がサーハビーを狙って羽ばたいていた。このままでは彼の友は時を置かずに食い尽くされてしまうだろう。砂漠には死の緩慢さと性急な死の両方があった。


揺れ動き、根をおろすことをやめたものの中心で、自足し、理性と季節に刃向かうものの中心で――砂漠の鍵は五つの大陸を引き渡す――、緩慢さにとらえられるにつれて海を押しのけたあの不毛の広がりの中心で――緩慢さはひとつの恐るべき力だ、というのも、緩慢さには不動性への熱情があり、いつの日か、それらはひとつに混じってしまうからだ――、生きるとは自らの限界を明確にすることであるが故に存在することに対する不易の拒否の中心で、己れの破滅を――己れの破滅の栄光を――ついに自覚する人間は、牢獄の囚人にそっくりだ。壁にむかって、それを壊す以外にいったい何ができよう？　格子にむかって、それを鋸で挽く以外にいったい何ができようか？　だが、砂である壁には？　砂の上のわれわれの影である格子に対しては？　目標が絶えずより遠くにある時、結局それは進んでいないということなのだ。

（『問いの書』）

意気消沈の日々が続いた。ギニアの港町ラゴスに着いた。すごすご横断を断念するのか。苦悩は去らないが、体を休めることはできた。運よくラゴスの「時事通信社」でアルバイトもできた。親切で知性ある日本人のおかげだった。ラゴスで彼は人気者だった。気温は摂氏三八度五分。彼はサハラへの旅を続ける覚悟を決めた。うれしくなって彼は思い浮かべる、新しいラクダに揺られて砂漠の四〇〇〇キロの旅は楽しいだろう、知り合いの人たちにきっと吉報を届けることができるだろう、と。ナイジェリアのカノ、そこからヒッチで西へ戻り、ニアメーに着く。そこで一九〇ドルで念願の新しいラクダを買った。名前もサーハビーにした、わが友二世だ……

……「メナカから北へ一五〇キロほど行き、サーハビーの頭蓋骨を拾い、次の大きな町から日本へ送ります……」。この母への手紙を最後に、彼の手記は唐突に終わっている。

一九七五年五月二十九日。マリ国のメナカ圏中央地区、ウアリトウフールート地区より北西へ五キロ、メナカの東方約一三二キロ、イネカールとの中間地点であるインゲルジガール地区。灌木の下に横たわる彼の死体が遊牧民ベドウィンによって発見される。ベドウィンのキャンプまでは二〇キロあった。彼はおそらくメナカの北へ一五〇キロのあたりにあったわが友サーハビー一世の頭蓋骨を拾うために砂漠を進んだのだろう。

渇死だった。死体とともにあった荷物はわずかで、わが友サーハビー二世は旅の装備品ともども姿を消していた。タカスガザと呼ばれる砂丘に足跡がついていた。元気すぎたサーハビー二世が荷物ごと逃走し、彼はサーハビー二世を探すために必死で歩き回ったのだろう。自分を探すみたいに。その後、彼は渇きと飢えで死亡したのだと推察される。彼は二十二歳になっていた。それが人の一生で一番美しい年齢だったのだろうか。ラクダの姿も人影もなく、砂だけが続いている。何も書かれていない書物の広大な白いページみたいに。砂と太陽と夜だけが彼を包んだ。ひとりっきりで何回目の昼と夜を迎えたのだろう。彼の歩みの痕跡はここで途切れた。旅の記憶も途切れた。不在と無辺があるばかりだった。彼は灌木のそばで力尽き、眠りに落ちたに違いなかった。


「おまえは道に迷っている」

「私が歩きはじめて二千年になる」

「おまえについてゆくのは骨が折れる」

「私だってたびたび投げ出そうとしたものだ」

「われわれはひとつの物語に直面しているのだろうか？」

「私の身の上は何度も何度も物語られた」

「おまえの身の上はいかなるものだ？」

「それが不在である限りにおいてわれわれの来歴だ」

「私にはおまえがよくわからない」


（『問いの書』）

（二〇二一年二月）

2　孤独の発見——ポール・オースターとエドモン・ジャベス

孤独は発見される。原初的に抑圧されたものは回帰するらしく、発明された孤独は後になってもう一度見出されることになる。パスカルが言うように、探しているのはすでに見つかっているからだ。中世ルーリア派のカバラ主義者によれば、天地創造にあたって旧約聖書の神は自身のなかに退却したとされる。この「自身」というものが「自己」なのかどうかはわからない。量子論的無の大爆発のなかで、神もまた宇宙的孤独のうちに姿を消したのだろうか。ともあれ、創造のひとつの場所をもうけるために、唯一神は自身のなかに退いた。

孤独には両面があるし、いくつかの素材がある。それは万人に共通の素材であり、たとえそれがある種の言語で出来ているとしても、語られることを拒む素材だ。この素材は沈黙の核に似ているが、特殊な要素でできているわけではない。いつも何の変哲もない見慣れた風景が眼前に広がっている。人は自分が大勢の他人によく似ていて、あの灰色一色の前景のなかにすっかり混じっているのを感じる。ジャン・ジュネはそれに嫌悪を覚えると言っていた。

はじめに言葉の沈黙があったのだとしても、我々はそれによって世界を創造できないが、世界を再創造するには、神と同じように我々にも孤独という「発見」がある。それはこの世にあって、この世から少しだけずれた段階に見つかる。だが神でない我々にとって、孤独のうちに入るには、世界からも自身からも撤退しなければならない。孤独はまず自分の頭やその人自身のなかに閉じこもるように見えて、自己の外との関係において、それは完全にはなされないからだ。あるいは、誰もがひとりで死ぬのだから、死は最大の孤独であろうが、死者は自分のなかに閉じこもることはないだろう。死は自己のなかに撤退することではない。だがとにかく我々は外界から退却する。退却にはその時機があって、その時は幾度となく恵みのようにやって来る。そうであるなら人（ここでは「作家」と言い換えてもいいだろう）はどこに退却するのか。どこへ逃亡するのか。自分のなかではない。彼の孤独の瞬間は同時にまず世界と自分から退却することによって獲得されるが、これがいつもうまくいくとは限らない。もとより自分を探す必要はない。脱出に際して、自分なるものはけっして新たに発明されないし、多くの場合、自分が見出されることなくすべてが終わるからである。

純粋な主題などというものは金輪際ないだろう。私は哲学者のようには考えない。考える能力がない。それで非哲学的に言うなら、孤独は不幸とも幸福とも無関係である。そのことに思い至れば、そのことをよく吟味すれば、そもそも孤独な「作家」にとってかつて彼の人生は世界に接していたと言えるのだろうか。一瞬、世界が足元から消えていたのなら、あるいは人生はそこにいた自分に接していたと言えるのか。いや、「作家」に人生はない。人生が確固としてあり、さらにその向こう側があることがわかったとしても、書くことはそれを保証してくれない。

アメリカの作家ポール・オースターはジャック・デュパンやアンドレ・デュ・ブーシェを皮切りにフラ

ンス詩人の詩を翻訳した。彼はそこから出発したかのように自ら詩を書き、それを断念するかのように、私の見解では、癌化しそうな空間から逃れるようにして小説を書き始める。ともあれ、最初期の作品『孤独の発明』（柴田元幸訳、新潮文庫）の自伝的登場人物Aはそのような人物である。たとえ生活していても、Aには生活がない。私にも覚えがある。私にも真の生活がない。カフカの「断食芸人」がすぐに脳裡に浮かぶ。彼はどこにも行かないのに、そこにいない。彼は閉じこもるが、彼は閉じこもっていない。私はいくつかの文学作品の翻訳をやったが、マラルメを翻訳したAのように、それは文学的営為ではなかった。「他なるもの」たちをとおして、何と言えばいいのか、言葉の現前ではなく、むしろ現前のなかに隠された不在を「学び」ながら、自分の独立した瞬間を取り戻し、それを新たに生き直すことだった。オースター自身も言っていることだが、糊口をしのぐための商業翻訳とはまったく異なる仕事。それは文学そのものであって、文学ではない。オースターは先の本に書いている、「それを訳すことは文学的営為ではなかった。それはあの夏、医者のオフィスで自分が生きたパニックの瞬間を生き直す手段だったのだ」。だがそれだけでは足りない。というか、生き直された瞬間はほんとうに自分に帰属していたのか。作者、翻訳者、原文、翻訳文、これらの関係は当事者にとってそれぞれ徹頭徹尾個別のものであって、なおかつ目まぐるしく錯綜している。しかもこの瞬間がたとえひとつの母国語として結実するとしても、最終的に本が書かれたことを完遂させるのは、孤独との関係において、作者ではなくそれを読む者である。

しばらく前から持病のある心臓の具合がひどくまずい状態で、私はかろうじて机に座るか、神戸での森田潤との直近のデュオ・ライブを控えているのに、ほんのわずかだけピアノに向かうことしかできなかった。それなのに私は最近まで毎日大酒を飲んでいた。何度目かの生命の危機が迫っていたことは知る由もなかった。追放とはほど遠いが、しかし今度もまた死はいったん私を遠ざけた。だが問題は回避された生命の危機だけではなかった。泥酔ならまだいい。そのあげく、泥酔していない夜でさえ、加えて夢遊病状態のようなものを誘発するようになった。若い頃、別のもので数回誘発した症状に似ていた。何十年もそのことを忘れていたが、またぞろそれがぶり返したようだった。

泥酔のたぐいとはまた別種の状態である。夢遊病なのだから自分ではまったく記憶がないし、本来の（本来？）意識は完全に飛んでいたし、それを目撃した者にとってはとにかく奇妙でショックな情景だったらしい。ぶざまで不気味な夜の時間のなかに私はいた。それがいったい何を示していたのか私は知らないが、どうやら人格がすげ替えられるみたいだった。たとえ人が現実としての幻覚のなかに陥ることがあったとしても、それにはさまざまな状態がある。今度の場合、それは身体のもうひとつの情景、その断続的連鎖の結果であるが、奥底にあるもの、プラトン的な身体の洞窟ではなかった。それでも横に連なるものであって、深淵ではなく、叫びやうめき声が聞こえてくるあの苦悩の深淵とは別物だった。

私はずっと遠くにいた。私は昼の自分から離れたところにいて、それもまた現実であった。そのことが『私』は一個の他者である」ことに関わりがあるのかどうかわからないが、とにかく私は別人であった。別人？　おそらくは！　決定的な危機的状況というものがあることは知っている。現実的でしかありえない忘却のなかで自分の感触を確かめた。しかし「自分」が一段下に下がり、そこに置き去りにされた後味はない。残念ながらと言うべきか、自分から追放されたのに、それもまた紛れもないひとりの自分であった。それが完全に否定的なことであるにしても、自分が自分から抜け出したことに変わりはない。恥ずべきことに、そのことを再び思い知らされた。今度は、うんざりだった。それで私は酒をやめた。我々はすでに多くのものを捨ててきた。若い頃に書いた詩を焼き捨てたように、何も残っていない。

こうして私は新たな孤独を再発見したのである。

それでも精緻には名状しがたく、名づけがたい孤独がある。孤独は孤独に敵対するだけではない。この孤独が敵にまわしているものは、その孤独自体の実存的状況以外にも数多くある。ポール・オースターが小説家としてデビューする前に書かれた秀逸な文学論集『空腹の技法』(柴田元幸・畔柳和代訳、新潮社)には、マラルメからフーゴー・バル、ウンガレッティ、そしてベケットにいたるまでさまざまな詩人作家が取り上げられているが、これら詩人作家たち全員が、それぞれ独自の「孤独」のまわりを、軌道をそれた惑星のように旋回している。それはほとんど未知の惑星である。そのなかでも作者と同じユダヤ系の詩人作家たちが重要な位置を占めている。ポール・オースターにとって、彼らの文学はユダヤ的であることを明白な特徴とするが、それぞれが特異なユダヤ人たちである。

「いくらユダヤ人の過去に深い連帯感を持つからといって、単におのれのユダヤ性を肯定するだけで自分の状況の根底にある孤立性を乗り越えられるなどと思ったりはしない。なぜなら、彼は単に追放されただけではなく、二度追放された身だからだ」、レズニコフについてオースターはそう語っている。あらゆる書き手はすでに追放状態にある。そして流刑は形而上的段階に達する。ここで取り上げられているユダヤ作家は、カフカ、ウルフソン、レズニコフ、ツェラン、ペレック、そしてジャベスである。エドモン・ジャベスについてはエッセーの他、オースター自身によるインタヴューが収録されているが、ジャベスとオースターは親しい知己であるらしく、かなり歳上のジャベスは珍しくリラックスし、かつ雄弁に自分の創作について明かしているのが印象的である。パウル・ツェランとエドモン・ジャベス……。「すべての作家を麻痺させる書くことの不可能性を前に、そして二千年前からこの名の民を引き裂いているユダヤ人たることの不可能性を前にして、作家は書くことを、ユダヤ人は生き残ることを選んだのだ」(エドモン・ジャベス『ユーケルの書』、水声社)。アウシュヴィッツの後に詩を書くこと、それだけが野蛮ではなかった。

エドモン・ジャベスは、一九一二年エジプトのカイロでイタリア国籍のユダヤ人として生まれた。一家は裕福で、フランス語教育を受ける。一九五六年のスエズ動乱の後、ナセル政権のユダヤ人追放令によってエジプトを追われる。何もかも失ったジャベスはフランスへ亡命する。イスラエルへの移住という選択肢はなかった、と後にジャベスは述懐している。パリで仕事のかたわら詩作を続ける。エジプト時代はシュルレアリストたちとも親交があり、むしろモダニズム風の詩を書いていた。ところがパリで作風は一変する。かつての砂漠の経験が一気に蘇る。砂漠から「書物」へ、「書物」のなかの砂漠へ。タルムードの文学やカバラの秘教も学んだ。「深い」ジャベスが姿を現し、誰も読んだことがない「書物」が出現する。自分が「書物から出てきた民」であることを深く自覚する。ブランショ、レヴィナス、デリダがいち早く注目するが、まだジャベスの本は秘教的にしか読まれていなかった。パリに来て書かれた最初の本『問いの書』には、こうして架空のラビや賢者たちの架空の問答や偽の引用が、暗示やほのめかしのようにしか語られないアウシュヴィッツの悲劇を背景にして（サラとユーケルの物語）、散りばめられることになる。本は、文字どおりの意味で時間と空間における中断と切断によって断片化され、詩、旧約聖書的註釈、註釈、断章、日記、手記、アフォリズム、対話などによって構成される。

『問いの書』の「中心テクスト」であるこの物語〔サラとユーケルの物語〕に、タルムードの流儀で、おびただしい量の、容易には理解しがたい注解が付される。ジャベスの大きな独創のひとつは、架空のラビたちを創造して会話に携らせ、アフォリズムや詩を口にさせせてテクストを解釈させせている点である。この書物を書くことをめぐる問題や、神の言葉の本質に言及するこれらの発言は、省略に満ち、隠喩を多用する。それは作品全体とのあいだに、込み入った美しい対位法を始動させる。

（ポール・オースター「死者の書」、前掲書）


しかし注釈の歴史が問題なのではない。「書物」自体がひとつの隠喩であれば、さまざまな書物はこの隠喩を抹消するかのように果てしなく解釈されねばならない。この解釈は困難、疲労、損耗のなかにあり、「書物」のなかで、それによって別の解釈へと手渡される。誰かが「通れ！」と言う。「書物」は「過ぎ越し」であり、砂漠の「渡し守」であるからだ。この形式ならぬ対位的形式は二十世紀文学において非常に斬新な試みでありながら、おそろしく古いものを感じさせる。


「この扉のうしろでは、いったい何が起っているのだろう？」

「一冊の書物がむしり取られているのだ。」

「この書物の物語は何なのか？」

「ひとつの叫びを自覚することだ。」

「でも私はラビたちがなかに入るのを見たのだが。」

「彼らは少人数にわかれて、特権的読者に対する見解を知らせにやって来る。」

「彼らは書物を読んだのか？」

「今読んでいるところだ。」

「気晴らしに、彼らは前もって介入するのか？」

「彼らは書物を予感していた。彼らはそれに立ち向かう覚悟を決めたのだ。」

「彼らは登場人物たちを知っているのか？」

「彼らはわれらの殉教者たちを知っている。」

「書物はどこに位置しているのだろう？」

「書物のなかだ。」

「おまえは誰だ？」

「この家の番人だ。」

「お前はどこから来たのか？」

「私は彷徨った。」

「ユーケルはおまえの友人なのか？」

「私はユーケルに似ている。」

「おまえの運命はいかなるものだ？」

「書物を開くことだ。」

「おまえは書物のなかにいるのか？」

「私の場所は閾《しきい》にある。」

「おまえは何を学ぼうとしたのか？」

「時おり、私は源泉への途上で立ち止まり、徴《シーニュ》しに、わが先祖の世界に問いただす。」

「おまえは見出された語を吟味する。」

「音節の朝と夜、いかにも、それらは私のものだ。」

「おまえは道に迷っている。」

「私が歩きはじめて二千年になる。」　（エドモン・ジャベス『問いの書』、書肆風の薔薇／水声社）

この本の冒頭近くの対話である。誰と誰が対話しているかはわからない。エドモン・ジャベスの本のなかで、問いは問いに連なり、問いは問いによって答えられるのだが、すべては延長、変奏、転移、結論を装うかのように、空白、余白、砂漠を進みながら果てしなく書き続けられる。書物のいたるところで砂がこぼれる。ポール・オースターは、その問いが語りえぬものであること、語りえぬものとはユダヤ人にとってナチによるホロコーストであり、同時に文学それ自体をめぐる問いであると明言する。こうして、問いのあらゆる来歴、あらゆる事象は虚無のなかから出現する。「書物」自体は、その意味で、「作者の死」を前提としていて、ポール・オースターのジャベス論のタイトルがそうであるように、さまざまな角度から見られた「死の書物」であるのだが、しかしそれだけではなく、有限の時間のなかで断片化されるしかない「生」の様相、生き延びられた生の延長のような様相を呈することになる。生は死の予兆であり、死は過ぎ去った生と来るべき生の前提である。『問いの書』にはすでにジャベスの本質的テーマが出揃っている。それらは「想像」や「インスピレーション」の結果ではない。オースターによるインタヴューのなかで、ジャベスは「想像力」を拒否する旨を語っている。「私は何ひとつ想像しない。」『問いの書』の一見、晦渋な言葉を最初に読んだとき、私にはこれらが「問い」自体をつらぬくさらなる茫漠たる問いと、同時にそれに対する明快な答えであるように思われたが、これらの問いを通じて、書物は書かれる前にすでに読まれていたことがわかるのだ。書物はすでに存在していた。あらゆる書物がそうであるように。

そうであるなら、はたして書物の中心はどこにあったのか。砂漠である。過去が事物のなかに隠れているとすれば、砂漠のどこにそれを探しに行けばいいのだろう。中心とは何なのか。ジャベスによれば、喪である。喪は喪に連なる。それが生の諸相を取り囲んでいる。中心をあらためてどこへ探しに行けばいいのか。「書物」のなかである。いくつもの中心があり、捕まえたと思うとそれはどこにもない。パスカルが言うように、中心はいたるところにあって、その外縁はどこにもない。我々の眼前には、さまざまな書物があり、ひとつの書物がある。だがそれが不確実、不完全であることは如何ともしがたい。谺《こだま》がある。射影があり、反映がある。それは呼応し、照り返される。それは事物の影がひとりでに彷徨《さまよ》うことに似ている。したがって孤独と同じく、「書物」はあらためて発明され、発見される。かくして人は書物のなかをずっと彷徨い続けている。書物自体が彷徨っているからだ。この彷徨の果てにあって、ジャベスの「書物」が「書物」自体の形骸、打ち捨てられたさまざまな別の書物の形骸だけからなっているように見えるのはしたがって必然的である。

ポール・オースターは、それは世界を包含し、それと同等の、あるいは世界そのものであるマラルメ的な「書物」でもあると言っている。そうかもしれない。そうであれば、書物＝世界に到達しなければならない。そこからの帰還はないだろう。しかもディアスポラ（離散）ユダヤがすでにそこで象徴化されたのだとすれば、それはモーセが叩き割り、世界に四散した石板のかけらの影のようなものであるからだ。神から授かった石板は砕け散った。むろんジャベスの「書物」のなかにモーセ五書の残骸をすでに見つけることができるかもしれない。だがジャベスの「書物」のなかで呟かれる思想は、死の砂漠でたった独りでぶつぶつ唱えられる説教のように、ユダヤ教の教えそのものとはすでに別物である。ポール・オースターが言うように、ジャベスが「ユダヤ教的形式や特異性を自覚的に吸収したはじめての現代詩人」であるとしても、その関係は感覚的、直感的、情動的、隠喩的次元のものである。聖書的世界の時代、すでにユダヤ人は歴史の遠近法の消点の位置にいた。「おまえは狂って、自分の眼差を失った。／突然、おまえは忘却したのだ。」（エドモン・ジャベス『書物への回帰』、水声社）神もまた忘却された。忘却は忘却へと連なる。砂漠で石が石を砕くように。

そしてレブ・フェアドが語った。
《私は人ごみに紛れて尋ねた。「本」はどこにある？
群衆のなかのひとりの男が私に答えた。それは私の手のなかにあった。
私は男の方へ歩み寄って尋ねた。私に本を見せてくれ。
男は笑って言った。私がそれを河のなかに捨てたのだ。水がそれを読めるようにと。
それで私が言った。大地が紙を提供した。火と水がそれを書いたのだ。
噫々《ああ》！　なんと男はもうそこにはいなかった。》
そしてレブ・アスコルが説明した、《おまえたちは、二人とも「本」の言葉だったのだ。》
（『書物への回帰』）

孤独は「書物」の忘却のなかで発明され、発見されもする。孤独は「書物」へと辿り着くことがある。そしてこの忘却において、孤独は言葉と同じように問いただされる。この問いのなかで、あらゆるものが存在しかけている「書物」へと傾いている。この傾斜は長く伸びた影のように実体がない。そして誰かが問いかける。問いが答えに向かって問いかける。そこで何かが動き始める。何かが生きられたのだ。それなら「書物」は変容するだろう。「書物」は誰のものでもない。「書物」は孤独のなかにしかない。
「孤独から　彼はふたたびはじめる――」、ニューアーク生まれのユダヤ人、ポール・オースターは「消失」（『消失　ポール・オースター詩集』飯野友幸訳、思潮社）という詩のなかでそう言っていた。

【追記】

最初に引用した本のなかでポール・オースターは言っている。「いやしくも正義というものがあるとするなら、それは万人のための正義でなくてはならない。誰一人排除されてはならない。さもなくば正義というものはありえない。これは避けられない結論である」。

もとよりユダヤ人、ユダヤ的なるものと、現在のイスラエルの軍部や極右を同一視できないことは言うまでもないが、パレスチナ人に対するイスラエル国家による民間人大量虐殺、ホロコーストに私は強く抗議する。

（二〇二四年七月）

3　少年

「どうか私の言ふことを信じてください、人生は正しいのです、どんな場合にも」、リルケはそう言っていたし、『若き詩人への手紙』は素晴らしい本だったが、少年という言葉に不信感を抱くようになったのはいつ頃からだろう。不信はたいてい反感に変わる。リルケの後にはツェランが来るが、少年はまだツェランを読んでいなかった。自分がそうであったはずの少年を否定しなければならなかった。少年の想像世界を自らに禁じた。現実を把握することをすっかり断念したかったからである。必死で構えていなければ、物が腐るようにどこからか嘘のすえた匂いがしてきて、あたりを汚染した。何かがずり落ちるように傾斜していくのが見えた。この傾斜を警戒しなければならなかったし、そこに少年の丸い顔が覗けば、それは自分なのだから殺すことはできないにしても、徹底的にやっつけねばならなかった。これはイメージの問題ではない。

好んで読んできた作家たち、とりわけ日本の詩人や作家たちは（外国も同じだ）、誰もが自らの少年時代を言祝《ことほ》いでいた。どこかの辻公園で拾った紙切れにはたった一行の殴り書きしか書かれていなかったみたいに、みんなが自分なりに同じことを言う。これと訣別しようと思ったし、そうしなければならなかった。子供の頃、ヘルマン・ヘッセも愛読書だった。いい匂いのする消しゴムを食べては吐き出した。あの頃、たしかに少年は寒空の下を四六時中ほっつき歩いていたけれど、歩いているのは別の奴で、自分のなかに少年などいないと思っていた。今にして思えば、それは自分が幸福だったことの証しだと言えるかもしれない。「俺は魔術的な研究を行った／誰ひとり避けられない幸福について」（『ある地獄の季節』）。そんな風に少年アルチュール・ランボーは言っている。

だけど薄汚いものを憎悪していたのはその少年だったのだろうか。若い頃のアントナン・アルトーは、書かれたものはどれも豚のように薄汚いと言っていたが、それならばその豚の言葉の他に、人間にとって鳥語や猫語や犬語、それとも糞語はあるのだろうか。けちな作文のための未来の宿題などどうでもよかったが、何語を喋れば正解だったのだろう。私だけでなく誰にとっても言葉が必要だったが、言葉を捻じ曲げるのに飽きると言葉を罵倒するしかなかった。言葉を罵倒する前に、キチガイの文法書や、新約聖書にも出てくる異言というものもあったが、人に理解されないように異言を喋り続けるのは至難の技で、疲れるし、どのようにどんな形容で人間の言語をさっさと罵倒してしまえばいいのかわからなかった。最高の罵倒語とは何だろう。晩年のアルトーは異言である舌語《グロッソラリー》めいた言葉を喋ることができた。ルイ＝フェルディナン・セリーヌのように語るのも痛快だったろうが、ある意味、というか言葉の通常の意味で、セリーヌはスゴ腕の作家なのだ。そう簡単にはいかない。

いつも音楽があったのはほんとうだ。それは「言語」だったのか。少年はワーグナーを聞いていた。同世代の少年たちの真似をしようとは思わなかったので、少年をやめたかった。ワーグナーの音楽は調性が崩れそうでぎりぎりのところで完全には崩れない。それは陶酔の波打ち際をかすめていて、そのギリギリだけを聞くのだ。あれはどことなく麻薬に近いと思っていた。物質的に奏でられたような音のなかで、前提と結論が、さっきまで具体的なものだったざらついた感触が、それでも見る見るうちに遠のくのだ。

　ワーグナーを聞くことをやめて長年がたった。ある時期に差しかかった少年にとってワーグナーは暑苦しかった。他の音楽にはない重さがあったし、それは結局羽の生えかかった重さだったが、ずっとそれに耐えているのは息がつまる。「トリスタンとイゾルデ」の歌が始まる前、その前夜で、気がおかしくなった。窓から下にダイヤモンドの夜景が見えた。それは不安定にチカチカ明滅しては、涙目が見ているように爆発した。前奏曲であるその曲にはさらに無音の前奏曲がある。その無音の前奏曲には予兆や予感があるだけで、誰の耳にも聞こえない。容易ではないが、それを聞き取ることのできる人がいる。これが人を病気にする。それでまたワーグナーを聞くことにした。たしかに嫌な奴だ、ワーグナーという男は。音楽家としていくら偉大でも、人間としては最低の部類に入るのではないか。一度はワーグナーに心酔したニーチェの怒りがよくわかる。聖金曜日の音楽だって？　ワーグナーはそんなものをこれっぽっちも信じていなかった。嘘つきは緩慢な病気の始まりだったが、ワーグナーの病的音楽はエンドレス・テープで聞くことができる不思議な特徴がある。そもそも何が始まりなのか、何が終わりなのか判然としない。知らぬ間に始まったものを終わらせることができないのは、ワーグナーが徹底的に歪んだ観念論者だったことの証しである。少年が憧れがちなイビツな観念論があった。

　大好きな夏が始まるとすぐ、夏の終わりを待つ人がどこかにいる。夏が終わればどこへ行けばいいのか。ドアーズの曲が耳元でずっと聞こえていた。人に尋ねてもどこへ行けばいいのかわかるはずもなかったが、少年はいつも待っていた。浜辺に座って夏が終わるのをぼんやり眺めた。断末魔の蟬が松林で啼きやむことはなかった。蝉が全滅してしまおうと、啼き声は毎年来年に持ち越される。少年は待機中という看板を掲げていたが、当然のことながら、ほんとうは何を待っているのか自分でもわからなかった。カシオペアの大爆発。行く川の流れ。流れ出る溶岩。チフスもどきの新しい伝染病が猖獗を極め、乳房が焼け爛《ただ》れた……。蝉みたいにみんみんいうあの女の子たちは裸同然で歯を食いしばり、白目をむいて、かき氷をほおばった。クーラーなんかなかったかき氷屋の暖簾から明るい外がのぞいていた。埃っぽい道を足を引きずるように人が歩いている。「あの人たちはねえ、みんなとっくに死んでいるんだよ」、東北の人はそう言っていた。その髪の長い男は、録音レコーダーに向かって、「どうもすみませんでした」と大声で怒鳴った。それを聞いて少年は腹を抱えて笑った。裸同然の女の子たちはちっともおかしくないという顔をして白い歯をほんの少しだけ見せるだけだった。女の子たちの歯は老婆の譫妄《せんもう》のなかでやがて黒ずんだ紫色の歯茎とともに音もなく暗闇の下のほうへ落ちていくだろう。カンブリア紀の病院。少年はそこでなくしてしまった片方の松葉杖をずっと探していた。

　夏が終わった。少年は病院で盗みを働いた。世界から色んなものを盗み取っているつもりが、気がつくと掌は空っぽ、墓も空っぽ。夏空の下、記憶も盗み取られて何にもなし。おまけにバケツまで空っぽなので、少年はとにかく世界それ自体を盗み取る必要に迫られているのだと焦った。勘違いだったかもしれない。少年の名前はバケツ（フランス語でseau ソー）だった。ベッドの上でもがいていたので、看護師のお姉さんが苦笑した。

　何度目かの退院の後、友だちの家へ行くと、たまたまイタリア・ルネサンスのフラ・アンジェリコの画集があった。その最後の審判の絵のなかの墓はみんな暗い開口部をのぞかせていたが、そんな感じの空っぽの暗がりが少年の心を領していた。自分はこの所在なげな墓の入り口に似ているな……。最後の審判はまだ始まっていなかった。そいつが始まると、墓から出て行くことになるのだ。ちょうどモーツアルトの『レクイエム』のレコードをかけると、そこから裁かれるべき死者たちがぞろぞろお出ましになるみたいに。ああ、ベアート・アンジェリコ。一等変な奴だろう。こういう人とはつき合いたくない、と少年は思った。極北の真面目さのなかにいる天使のような修道士は、聖人の首が四辻で切り落とされるさまも描いていた。首が道端に西瓜のようにいくつも転がっていた。

少年は、死者の街にいると（少年をやめてから好きになった女性がいた街なので、それがどこなのかは言わない）、道端の木立が風にそよぐのを見ているだけで自分のやむにやまれぬ欲望がじつはとても古い他者の欲望だということに気づくことがある。この欲望は造形的にも触覚的にもやけにくっきりとしていた。少年ははっとする。線香の香りがして、鳥が落ちてくる。この乖離《かいり》、このズレのなかに巷《ちまた》の些事はうごめいていて、そこを通り過ぎる通行人たちの資格を剥奪していく。

都会の夜は明るいし、おまけに目が悪いので、今では窓辺から夜空を見上げても星なんかせいぜい一個か二個しか見えない。でもまだそれなりに沢山の星が降るように見えたその頃、夜道で騒ぐ外人の女の子たちの声が聞こえた。外人は金髪と栗毛の二人だった。英語の勉強をさぼっていたので、何を言っているのかわからない。見知らぬ彼女たちは道をこちらまで走ってきて、突然後ろから少年の腕を両側からつかむと、二人とも自分の腕に組んだ。カム・ウィズ・アス。

突然、その感触が蘇る。地震でもないのに、辻がゆっくりと揺れている。六道の辻はどこにでもあるわけではない。夕方になってもまだ明るいのに、赤い半月が出ている。一千一秒の移動。当時、少年は誘拐されたも同然だった。その場にとどまる同じ旅。同じところをぐるぐる廻った。別の日にまた彼女たちの家に泊まりにいって、川の畔《ほとり》で彼女たちの帰りを待った。真夜中、古都のしもた屋は寒かった。少年の胸がダニか南京虫に掻きむしられる。虫に噛まれるまで待つって、いったい何を？　その家に行くまでは、日が暮れかかると足音しかしない墓場を歩いているような気がいつもしていた。そこで自分の足音をかすかに聞いた気がした。大きな猫が疑心暗鬼のさっきの辻で振り返る。小雨のけぶる日には、角の祠の地蔵の顔が笑っているのか怒っているのかわからなかった。怖かった。地蔵の前で自分の手のひらを見ると、踊れなくなったニジンスキーの手のようにひらひらするばかり。手のなかには何もなかった。

病床で読んだ聖書に出てくるイエスの言葉。「ノリ・メ・タンゲーレ」（私に触れるな）！　だったら、俺に触れるな！　頼むから！　蘇ったイエスの腹の傷、イエスが磔になったときに槍で突かれた傷口に試しに指を突っ込む不埒な輩だっている。カラヴァジョのそんな絵がある。イエスの復活を疑っているのだ。そいつの指の爪は汚れている。イエスの傷は治っていたのだろうか。そのとんでもない野郎は十二使徒のひとりだったが、どう見てもアル中の浮浪者にしか見えなかった。

そういうことか。わかってるさ。何がわかったというのか。大変な思いをして二重人格になった「父」よ、あなたは淋しげだった。いたずら好きの「母」よ、あなたは平気な顔をして思いどおりに生きた。小僧の神様は唾を吐き、娘も、息子も、小僧の震える唇で血の跡をつけた。ばりばりになった血の跡を汚い指で何度もなぞった。月桂樹が夜よりもっと黒々とした影を落とし、丘の上の月が一つ目小僧の血に染まる。ゴルゴタの丘。俺に触るな。そうだ、肌は遠く、肉は悲しく、首はもげ、脚は萎えて、手も腐り、あちこちから悪臭がする。嵐がやって来る。またしても少年には群青色の暗闇に浮かび上がる暗い丘が見える。だけど丘なんてなかった。

エジプトを追放になり、パリで没したユダヤ詩人エドモン・ジャベスは、こんなことを書いている。

夢の形跡が目に見えないのは、どうしてもわれわれがランプや昼の光でそれを探そうとするからだ。夜のなか、われわれが知らぬ間に入り込んでいる黒い不在のなかでは、これらの形跡は図らずもその燐光性によって暴露される。
（『書物への回帰』、水声社）

少年は他人の夢の形跡をかいま見たのだと思っていたが、しかも闇のなかにいて手のひらでそれに触れたのだと感じたはずだが、そうではなかった。錯覚だったのだろうか。暗いコントラストの境界をすでにまたいでいたことをそれまで知らなかっただけかもしれない。それは自分の境界線である。黒い不在のなかでじっとしていると思っていたが、じつはこの不在のなかからかすかに光を発するものがあることを知らなかった。取るに足りない記憶にさえ達しなかった瞬間がある。だがどうにも動かしがたいそれらの瞬間が雨が降り注ぐように少年の心臓にちくちく突き刺さり、それが光速で向こうにいる誰かの神経組織を無断で通り過ぎ、しかもあいつらのぶよぶよの脳髄に揺さぶりをかけ、あり得たかもしれない、ありそうにないこの不在に潜むひとつの記憶にひそかに接続されようとするとき、少年の心がそれを拒絶する。

病室で消灯前に坂口安吾の本を読んでいた。たいして面白くなかった。当時、そう思ったのはほんとうだ。ぴんとこなかった。言葉の震えるような予兆がなかった。少年はベッドで毎日違う言葉を探した。「死ねば私は終わる」というその日の安吾の発言はそもそも戒めの言葉ではないが、何の戒めにも慰めにもならない。他方には「私はなぜ自殺しないのか」という命題があった。あらゆる状況が少年にそれを促し勧めているのに、これに対する反対命題は「私はなぜ生きているのか」ではなく、「私はなぜ自殺するのか」でもない。そんなときには自殺したあの人の写真をいつも思い浮かべた。写真のなかのその青年はたくましく、ハンサムで、聡明で、健康そうだった。東南アジアの生活。むせかえるような暑気。果物と乳とココナッツと香辛料の香りがする。少年は少し胸が痛くなった。自分をそこに見たからではない。それどころか、少年にはこんな暮らしがなかったからでもない。ほんとうの生活が遠くにあるわけではなかった。時間は過ぎ去らない。どうしてもなくなってくれない。

パレスチナ難民キャンプがあるシャティーラで虐殺が行われた日の前日、イスラエル国防軍の爆撃の音がひっきりなしに聞こえていた。フランスの作家ジャン・ジュネはシェルターの外に出たいと駄々をこねるように言い張った。そんなことをしたら死んでしまうわよ、怒った同行者のライラ・シャヒードはジュネと口論になった。「俺は死にたい、もううんざりなんだ」、とジュネは言い返した。その後ジュネはシャティーラの虐殺について世界中の誰にも書けない史上最高のルポルタージュを書いた。

元気なとき、少年は待ち合わせをしても時間ちょうどに着くことがない。いつも約束よりずっと早く来てしまう。フランスの詩人ピエール・ルヴェルディが言うように、それもまた時間を守らないということなのだ。時間を守らないかわりに、待っている間、少年は教えてもらった本を隠れるようにして読んだ。ジャン・ジュネの文章が少年は好きになった。自分にはとてもこんな文章は永久に書けそうにないと思いさえしなかった。言葉は破れたポケットのなかにある。この作家は格別なのだ。惚れ惚れするような蛇行、獲物を狙うような無呼吸、あっというような不意打ち、冷厳な幾何学、植物の群生のようで、それでいて同時に石のカテドラルを思わせる。だが頭で字面は理解できてもどうしてもわからないところがあった。同性愛者の悲しみと高揚だ。万事休す。

モーツァルトの『レクイエム』やモンテヴェルディの『聖母マリアの夕べの祈り』を愛した音楽好きのジャン・ジュネはやはりゲイの文化世界のなかでも特異な人だったということなのか。少年はそう思った。ジュネが好んだレンブラントの絵画に登場する人物の豪華な衣裳の縁飾りや宝石、これはまだゲイっぽい。

だがジュネが好きな女性だと公言する聖母マリアやマリー・アントワネットはどうなのか？　彼女たちはゲイの人たちのお眼鏡にかなうのか。同性愛者ではないのに、成り行きで少年はゲイの人たちと少しの間同居したことがある。その家の本棚にジュネの本も並んでいたように思う。だけど真性ゲイであるジュネは、少年が一緒に暮らした彼らゲイ・ボーイたちにもまた全然似ていないと思った。彼らの家にはいつも百合の花が飾られ、毎日朝っぱらからマリア・カラスのオペラが鳴り響いていた。これにはたいがい辟易《へきえき》した。一方、ジュネが浮浪者をやっていたバルセロナの悪場所、バリオ・チーノ。犯罪者や浮浪者の巣窟《そうくつ》。白茶けて埃っぽい完全無欠の空虚があった。そしてぬけるような青い空。底辺をもとにして、すべてが対称になっている。ヴェルディやプッチーニにそんな感じはない。

　少年をやめてしばらく経ってから別のジャン・ジュネの本を読んだ。「十六くらいの美しい（ジプシーの）女が二人、……フリルのついた長いドレスを腰の所までゆっくりとまくりあげ、脱毛していない性器を私に見せた」（『恋する虜』鵜飼哲・海老坂武訳、人文書院）。この文章にはゲイとしての女性に対するある種の嫌悪感はまったく感じられない、と少年は思った。実際、ジュネはパレスチナ革命を理解するためのひとつの尺度の話をしていたのだった。美しいジプシーの娘のからだには踊りのリズムの遠い記憶が刻まれていて、それはすごい速度と悲しい調べをもっていたし、過去と現在の記憶が混じり合い、革命はすぐ間近のはずだったが、それは時間を遠ざけるように成就しなかった。だが彼女の陰毛は難民キャンプを吹き渡る風がくしけずる髪の毛と同じように黒々としている。

　ジャン・ジュネ Jean Genet という名前はエニシダのヨハネとも読める。孤独なエニシダ、聖なるエニシダ、穢れたエニシダ。エニシダの丘を思った。一度読んだ、二度読んだ。ジュネを読んでいると、自分に対する嫌悪からも美が生じる可能性を理解できる。しかしそれは居心地の悪さであり、それを信じることは、それをある意味で信じるのを拒否することである。一般的な論理は通用しない。

曙の薄明りがいくらか丘の上で目覚めていた。その青い歌が羊飼いたちの喉の奥に巻きついて眠っていた。私は再びジプシーの陰茎の上に馬乗りになって倒れた。泡沫のように私のドレスの裾飾りが田畑の上で砕け散った。季節は四月、月光がグラナダの周囲に広がる花盛りの巴旦杏《はたんきょう》を照らしていた。

（前掲書）

完璧な文章だ！　少年とはもうおさらばだ。おお、季節よ、ひとつしかない季節、丘よ。

今日もまたしとしと雨で、ひどく蒸していた。少年はぼんやりと光る丘の上の曙光と南スペインの花盛りの巴旦杏《はたんきょう》を比べたが、すぐにイメージは消えてしまった。少年が天井を見上げて暑い暑いと言いながら薬品臭い汗を拭いていたら、床の間の甲冑の首がごろんと落ちた。にじり戸の向こうに影があってそれがうずくまっていたのだが、何だと思ったら、白眼をむいたさっきの裸の女の子だった。真っ白な肌をした素っ裸の娘は雨に濡れた竹藪にしゃがんでいた。性器も陰毛も見えなかった。だけど少年がびっくりして見回しても、甲冑やにじり戸なんかどこにもない。そぼ降る雨の竹藪もない。

ここはやっぱり病院だった。少年はずっと入院中だったのだ。暇なので散歩のつもりで待合室まで行ってみると、順番を待ちあぐねたじいさんが激怒して隣の婦人にわめき散らしていた。白目をむいた女の子もいた。もううんざりだった。廊下の奥の集中治療室でさっき救急で運ばれてきた若い人が死んだ。待合室に雨が降っている。少年は少年から抜け出しかかっているのか。蟬の脱皮は気色悪い。車椅子の老婆が落ちて来た鳥を拾って渡してくれる。見ると、少し血の滲んだガラスの注射器だった。ばあさんは静脈にモルヒネを注射したところだったのだ。ばあさんはにこにこしていたが、血管が叫んでいた。分身に死んでくれよと問わずなば……

（二〇二一年八月）

4　ゴダール、ダコール――Godard, d'accord

第二次大戦後、ルイ＝フェルディナン・セリーヌは対独協力で戦犯になった。暴徒に家を襲われたこともあった。郊外のやぶ医者でもあった作家セリーヌの診療所にはたくさんの動物がいた。写真で見ても不潔としか言いようのない診察室には数匹の猫が走り回っていて、院長机の上にはオウムがいる。机の上に餌が散らばっている。ハリネズミも飼っていて、名前はDodardという。ゴダールではなく、ドダールだ、とアンリ・ゴダールの教え子であったセリーヌ研究者Sさんが教えてくれた。ちなみに彼女の師であり、セリーヌ作品の著名な研究者、編纂者であるアンリ・ゴダールは、映画監督ジャン＝リュック・ゴダールの弟であるが、兄弟仲は悪いらしい。ジャン＝リュックは映画『映画史』でセリーヌに言及しているが、映画との対比においていささかセリーヌの小説に批判的である。ゴダールは映画のなかにセリーヌを他にも引用していたように思うが、どの映画だったのか思い出せない。

六〇年代の初期ゴダール映画は観客にとって鮮烈だった。カメラが落ち着きなく動いていた。早い、ぎくしゃくとした動き。ゲームの規則はつねに破られる。ゴダールに最初からそれを守る気などなかった。

クローズアップ、斬新なカット、日常的で非日常的な噛み合わない会話、俳優たちの奇妙な動き。手と手が触れる。手と手が離れる。言葉は固定され、それなりの重みをもった。恋人たちはそっけなく離れればなれになる。この時期のゴダール映画のなかで私にとって印象的だったのは、ジーン・セバーグ、アンナ・カリーナ、ジャン＝ピエール・レオ、ミシェル・ピコリ、アンヌ・ヴィアゼムスキーだった。

男と女、いつも舗道があった。誰かがうろついていた。それはやがて群集となるだろう。六八年に、五月革命が春へと辿り着く。敷石は剥がされ、バリケードが築かれ、機動隊への投石の石と化した。剥がされた敷石の下には有名な浜辺が現れた。

また見つかった！
何が？　永遠。
太陽に混じった
　海だ。

一九六五年の映画『気狂いピエロ』に引用されたこのランボーの詩は妥当な引用だったのだろうか。そうかもしれない。たとえそれがフランスの当時の学生や若い観客たちにとって商業用だったとしても……。ゴダールはこの詩節だけを引用したが、「ある地獄の季節」のなかの原詩はこう続いている。

俺の永遠の魂よ、
おまえの誓いを守れ

独りぼっちの夜
そして燃え上がる昼にもかかわらず。

だからおまえは自由になる
人間の賛同から、
ありふれた高揚から！
おまえは思いどおりに飛んでいく……

——希望なんかあるものか。
　夜明けはないぞ。
科学と忍耐よ、
責め苦は確実だ。

もう明日はない、
繻子の燠よ、
　　お前の熱情は
　　義務なのだ。

また見つかった！

――何が？――永遠。
太陽に混じった
海だ。

海に太陽が混じっているのではない。それなら毎日のように海辺で見かける光景だ。ランボーの詠う永遠は此岸にあるということだが、したがってつねに逆転が起きていなければならない。それは風景にとってだけではなかった。パレスチナ。六八年から七〇年代にかけてのゴダールは毛沢東主義者たちをかたわらに伴っていたが、若松孝二・足立正生の『赤軍―PFLP世界戦争宣言』とは違って、七二年に解散する「ジガ・ベルトフ集団」の映画をいま二回続けて見る気にはなかなかなれないかもしれない。だからといって、かつてギー・ドゥボールとシチュアシオニストたちがゴダールを馬鹿にしてそう言ったように、私はゴダールを「スイスの毛沢東主義者」と揶揄《やゆ》するつもりはもうとうない。だが不可解なことがある。ゴダールが同世代のドゥボールの映画を知らないはずはなかったのだから、映画技法におけるドゥボールとゴダールの「影響」関係についてはもっと明らかにされるべき点があるのではないか。それについての研究者たちの言及があまりに少ないように思われる。

八〇年代から九〇年代にかけてのゴダールは、七〇年代に出会った公私両面の伴侶であるアンヌ＝マリー・ミエヴィルの協力を得て元気を取り戻したように見えた。見かけの上ではそうだった。映像の美しさ、さらなる唐突さ、不意打ち、たとえそれが「イマージュ」の問題であったとしても、哲学的駄弁、文学へのあからさまな傾斜、エロチックな映像自体の皮肉な横顔、驚くべき音響効果、楽曲が絶妙に挿入されるその変則的タイミングに私は感動した。G好みの女優のタイプも少し変化したように見えた。空を見上げる美しい娘のまぶしそうな瞳。サラエヴォの女性を思わせる。Gにとってのサラエヴォ。たとえそれが映画のなかに聞こえなくとも、通奏低音はつねにバッハの無伴奏チェロである。一九八四年の映画『マリア』の妊娠ヒステリー・アーチの見事な映像。そして鬱病気味のGにもユーモアが戻る。『マリア』に登場する天使は、名前はたしかにガブリエルだったが、どう見ても街のゴロツキで、彼は一人の少女と連れだっている。この少女は明らかにザジ（レイモン・クノー『地下鉄のザジ』）であり、大天使ガブリエルはおかまのガブリエル叔父さんなのである、等々。

一九九五年の映画『JLG／自画像』。俳優たちはある意味でスクリーンから出て行こうとしていたのかもしれない。結果はどうだったのか？　Gにとって俳優はもう必要ないのか。自分、そして少数の男と女だけ。八〇年代から続くG好みに見えた俳優たちは？　それともGは自分と向き合おうとしているのか。希望は少年時代のものだったが、少年の姿はもう消え失せた。いつも波打ち際が現れ、次から次へ波が打ち寄せる。それはただ押し寄せるだけだ。そして老人が岸辺を歩く、無意味なことをぶつぶつ呟きながら。湖の広々としたショット。空。水辺を飛ぶ鳥たち。鳴き声。森。麦畑。ウクライナを思わせる。モーツアルト、ベートーヴェン、セザンヌ、ルノワール、フェルメール。Gの尊敬する監督ジャン・ルノワールの映像の濃い影がよぎる。「悪く生きて、良く死ぬ」人たち。Gはその人たちのことを思っている。アラゴンの『断腸詩集』。Gは自分の喪に服するつもりなのだろうか。なぜなら死後の無は存在しないからだ。たぶんドストエフスキーがまだゴダールに取り憑いているが、ドストエフスキーの肖像から射す光はどんどん薄くなる。Gの映画のなかで二つの現実は接近しない。焦点はそのあいだを動き漂っている。この見えない焦点を紙の上に探す。Gにとっての現実である映画の神がそこにいるのだろうか。それともGは紙の上にただ「神」をむなしく探し求めているだけなのか。ダーザイン、現存在。レンズをかざす。太陽光。紙が焦げ始め、燃え上がる。映画では暗がりでマッチをかざして字を書くだけで、そんなシーンはないというのに、私には紙が燃えるイメージが見えるようだ。だがいくらGがそう言おうとも、映画が現実の火事のように燃え上がることはないだろう。哲学はくすぶっている。いくら引用しようと、Gはハイデガーのように思考できないし、ハイデガーのように語ることはできない。映像がそれを拒否する。ハイデガーはこの際、実際には召喚されてさえいない。イメージを「見る」ということにおいて、Gの投射の形象は二重の逆三角形であり、六芒星ダヴィデの星であるからだ。

『映画史』の最終章は一九九八年に完成する。『映画史』は映画史であるが、映画の歴史がアクチュアリティーの歴史であるとするなら、ハリウッド映画を含めて、それは戦争の歴史を見ていることになるのではないかと私は思う。私は映画の歴史のことは何も知らないが、映画としての『映画史』がとても好きだ。可視的孤独の歴史。Cogito ergo video（我思う、故に我は見る）。「再び見出された時」のなかで「消え去った女」をとらえること、それは「見る」ことであり、私の網膜に映った、目に見える二重のアルベルティーヌである。Gはそれこそが映画だと考えている。そしてこの映画史には、我々にとってGの人生の変遷自体を見ているように思える側面がある。だが誰にとってであれ、映画にとってであれ、別の「映画史」などもう存在できないだろう。そして個人史の表明のなかでさえGの考えは変わらない。Gの考えが最後まで変わらないのは素晴らしいことである。

『映画史』のなかの引用は映像や音響だけにとどまらない。映像の光が声と文字による文章の引用の妙技を照らしている。そして絶え間なく続く他人の文章の引用によって、Gの全読書体験を映画のなかに特別に望めるのはじつに興味深い。私個人にとってさらに興味をそそられたことがあった。『映画史』最終章だったか、ベルナール・ラマルシュ＝ヴァデルの文章が引用されていた。Gがラマルシュ＝ヴァデルを読んでいることは『映画史』を見るまでもちろん知らなかった。私はベルナール・ラマルシュ゠ヴァデルを読んだことがあったし、後に彼の小説『すべては壊れる』（現代思潮新社）を翻訳することになるが、ラマルシュ゠ヴァデルは、Gが『映画史』のなかに引用した他の大作家たちと比べてメジャーな作家であるとは言いがたい。ベルナール・ラマルシュ゠ヴァデルは『すべては壊れる』を書いた五年後の二〇〇〇年にピストル自殺したが、私はすでにゴダールのこの引用と彼の嗅覚に何か奇異なものを感じたのである。

この文章の冒頭で言及したセリーヌはこんなことを言っていた、「未来について語る者はごろつきだ。後世の者を引き合いにするなんて、蛆虫に演説することとさ」、あるいは「未来は我々に見向きもしない！未来は若者たちのものだ！……私はそれを彼らに願う！……」。ジャン゠リュック・ゴダールは故郷スイスで二〇二二年九月十三日に自殺幇助を選択して死去した。彼はロシアとウクライナの戦争をもちろん知っていたことになる。Gは九〇年代後半以降ずっとそう見えたように疲労困憊していて、もういいと思ったのだろう。

ヘミングウェイやマルローと同世代のイタリアの作家クルツィオ・マラパルテは『クーデターの技術』という著作で有名であったが（トロツキーもその本を読んだとされる）、彼はダヌンツィオと同級生であり、十六歳のときアナーキストと共和主義者の暴動で逮捕される。その後もイタリアで何度も投獄され、ファシストに転じたマラパルテは、それでもヒトラーもムッソリーニもヒムラーも嫌悪し、心底軽蔑した。曰く、「ヒトラーはひとりの女である」（女性差別の誹《そし》りを受けようと、私はあえてこれを引用する）。ファシスト党を除名され、反ファシズムの容疑で逮捕投獄される。ユダヤ人の虐殺にも激しい嫌悪を示した。しかし異端的なファシストであったとはいえ、彼はファシストのままだった。戦後、イタリア共産党が彼の入党を認めるのは死の直前だった。第二次世界大戦時代の崩壊するヨーロッパをイタリア将校のジャーナリストとして語った名作がある。この本はウクライナの村で書き始められた。その本から最後に引用したい。ファシストを名乗った作家の文章を私が引用するのはこれがはじめてかもしれない。

……しまいに寝台に倒れこみ、目をつむったが、寝つかれなかった。しばしば銃声が、近くまた遠く、夜の闇を撃ちぬいた。キエフまで、オデッサまで、広漠たるウクライナの平原を埋めつくす麦畑と向日葵の原野に身をひそめたパルチザンの銃撃だった。そして夜の闇がいよいよ濃さをますにつれ、草いきれと向日葵の匂いに馬の屍の匂いが溶けこんできた。私は眠れなかった。

（『壊れたヨーロッパ』古賀弘人訳、晶文社）

ウクライナという文字。戦争。私はどこを引用すればいいのかわからなくなる……

一九四一年の秋、私はウクライナのポルタワの近くにいた。（……）兵士が馬を励まして「ヤー！ヤー！」と叫んだ。灰色によどんだ日だった。灰色の秋の空気のなかに亡霊のような様相を村は呈していた。風がたった、そして樹の枝に縛り首にされたユダヤ人が何体か揺れていた。ひとつの長いささやき声が家から家へとつたわった、小さな子供たちの一団が薄汚れた家のなかを裸足で駆けぬけるかのように。軋むような音が長く尾を引いた、鼠の軍隊が廃屋を荒らしまわるかのように。（……）「ヤー！　ヤー！」灰色の大気を震わせて鞭が鳴った。砲兵たちは通りすがりに、開け放たれた窓の向こうを、こわごわと見やった。家のなかには藁マットの上に、痩せこけて土気色の幽鬼のような死体がいくつも、目を剥いて横たわっていた。

見事としか言いようのないこの『壊れたヨーロッパ』は一九四四年刊行である。ウクライナ？　記憶にはいつも混乱が生じている。まるでGの映画のように。言葉の力は映画に及ばないのだろうか。残念ながらこの記憶にとって、死者や亡霊たちのいる世界を含めて、世界はひとつしかないのだ。

（二〇二二年十月）

5　セリーヌ・ロックンロール

……夢遊病の大行進が続いている。自分が何をやっているのかわからないのだ。独裁者はガラの悪い、頭のイカれた影武者みたいに演説しているが、後ろに居並ぶのは全員よぼよぼの老人ばかり。見るたびに独裁者の顔つきがまるで別人のように変わるだけじゃない。彼ら老いたる軍人たちはみすぼらしいだけでなく、失礼ながら彼らの人生がすでに終わったことを示している。古今東西、こんな奴らが戦争を始めるのだ。自分で椅子から立ち上がることはできないし、目を開けたまま永遠の眠りについている。壊れたデク人形みたいな爺さんたちは、無駄にじゃらじゃらとぶらさげ、安物にしか見えない勲章もそらぞらしく、ボケの翼の大きな影にすっかり覆われている。それとも睡眠薬か精神安定剤の中毒で四六時中ほうけたままでいるのだろうか。じっと前を向いたまま、独裁者の演説など誰も聞いてはいない。

はたまた世界中の戦勝記念日に小学校の運動会に出るつもりで行進するか、罰として無理やり右向け右をさせられているかわいそうな若者たちは、ヤクザな連中以外、見事なまでに全員あほ面だし、こんなにひ弱でうわの空では、戦争どころでないことは誰が見ても一目瞭然だ。どこのどいつが戦場に意気軒昂と馳せ参じて戦うのか。戦いたいのか。そもそも戦えるのか。国民とはそんなものだ。血潮のなかに溺れば我はいかに強からん。そんなお人好しはもう流行《はや》らないだろう。

かわいそうに、君たちは犬死するだろう。課せられている何もかもが聖なる義務だ。神も（そんな神

などいない）、皇帝も、独裁者も、主席も、書記長も、首長も、親方も、親父もお袋も、義務を果たせと厳命する。偉っそうに！　「俺の義務は免除されている。そのことを考えてみることさえしてはならない。

俺は実際に墓の彼方にいるが、伝言などない」！　そんな風に言ったのは十九世紀の少年詩人である。彼は勇敢で聡明だったが、もう近場のその辺をうろうろすることもなく、伝説の中にしかいないと人は言う。老人性痴呆も脳の栄養が足りないのも民衆の悪夢を簡単に助長した。ナチス万歳！　スターリン万歳！汎スラブ全体主義。中華帝国主義。アメリカ没落大陸。ローマ帝国。イスラエル。大日本帝国お笑い会議。

探さなくても、ファシストはあちこちにいる。矛盾の塊であるどころか、どう考えても論理的に破綻した民族主義が、目先のわびしい餌に飛びついてすべてを泥沼に引き入れる。それは地政学的などという口実よりむしろ心情的な餌だ。雛鳥の「恐怖」に与えられる餌。世界中のナショナリストが互いにうわべのシンパシーを感じて相手を同志と讃えあっている昨今だが、お笑いの種にすらならない。その心情とやらはそもそも復讐心そのものだったのだろ？　論理的に言って、それぞれの民族主義はお互いに別物なのだから、自分以外全ての国家主義的国家を最終的に殲滅せざるを得なくなるではないか。君たちは自分が一番じゃないか！　自分たちの民族が一番由緒正しく、賢明で、美しい。くわえて考古学と歴史学と生物学がしゃしゃり出る。我が民族万歳！　とにかくまずは口先だけでそう言っておかねばならないのだが、人間のサガとして論理は行動をとことん導くに決まっている。最後の最後まで。わかりきったことだ。これで全部おしまいになる。論理さえも。ディス・イズ・ジ・エンド。殲滅戦争の果てに、こんなに狭い地球

上では全員が終わるのだ。

　生真面目な医者をやっていたルイ＝フェルディナン・セリーヌは、それが滑稽なことだったと私は思わないにしても、医学をとにかく真剣に信じていた節があったが、思想のほうに目をやれば、本物の民族主義者ではなかったのではないか。そのことは言っておいてもいいだろう。彼は故国フランスを心底憎んでいたからだ。だがあまりにも憎悪が昂じてセリーヌは面倒なことを言い始める。反ユダヤ主義だ。最初は郊外のヤブ医者の床屋談義くらいだったとしても、ついにセリーヌは錯乱したのかと誰もが思ったほどだった。そのくらいセリーヌによる政治的パンフレットの発言は激烈なものだった。ブラジアック、ドリュ・ラ・ロシェル、ルバテ、モンテルラン、その他のフランスの右翼文学者も顔色を失うほどだ。

　ナチスとの戦争が終わった。フランスは戦勝国である。レジスタンス派は親ナチのヴィシー政権とナチス・ドイツに勝った。じゃあ、責任をとってもらおう。セリーヌは国家反逆罪（反ユダヤ主義ではない）の廉で逮捕状が執行され、デンマークへ亡命する。落城から落城。「たったひとり、取り残されて！　たったひとり！」フランス政府の要求によってコペンハーゲンで拘禁。後にフランスに送還されることになるが、欠席裁判によって、対独協力による戦争犯罪者として懲役一年、罰金五万フラン、国籍剥奪、全財産を没収される。レジスタンス派の暴徒に家を襲撃され、身ぐるみ剥がれ、妻リュセット・アルマンゾールと六匹の犬とともに世間から隠れるように暮らしても、セリーヌが許されることは金輪際ないだろう。セリーヌが死んだとき、その政治的犯罪を理由に葬儀の執行は司祭に拒否された。だがセリーヌはまだマシなほうだったのか。戦犯作家ブラジアックは死刑になり、ドリュは逮捕の寸前に自殺した。日本の高名なシュルレアリストは戦時中に戦争賛美の文章を書いたが、この詩人が深窓のお嬢さんでもあったかのように、それを後から糾弾されることはなかった。

それよりずっと前、『夜の果てへの旅』がベストセラーになったとき（この本はいくつもの言語に翻訳されたが、ロシア語への翻訳者はシュルレアリスト・グループを除名されたフランス共産党のルイ・アラゴンとその妻エルザ・トリオレだった）、最初、左翼陣営は嬉々として仲間の作家が現れたと思った。しかしトロツキーだけは見抜いていた。セリーヌが革命に加わることはないだろうし、革命的思想に寄与するところはないだろう、と。さすがトロツキーだな、彼はセリーヌを理解していた？……　えっ？　その前に問うておきたい。現代風の革命の原動力はどこにあるのだろう？　難問中の難問だ。文学はずっとそれについて考えてきた。だがボルシェヴィキは、セリーヌを読んだ若い読者たちがいずれ革命についてどう考えるようになるか、自分たちの革命をどのようなものとして夢見るかまでは思い至ることはなかった。『文学と革命』の著者であるトロツキーもまた文学の致命性を理解せず、結局のところみくびっていたのだ。

読者はたしかに千差万別であるが、なかには変わり種も大勢いる。日本のことを思ってみても、ずっと後になって、大まかな意味でのその後の若き革命派のなかには、セリーヌのアナーキズムの真情に鼓舞された者たちがいたことは周知の事実である。みんなセリーヌの反ユダヤ主義には困惑したが、『夜の果てへの旅』と『なしくずしの死』（もっとも、ひどく絶望的で救いのないこの本は批評家から激しい攻撃を受けた）の衝撃があまりに大きかったものだから、文学好きはそれを見て見ぬふりをした。我々の周囲を見渡してもそのことは言える。言葉に対する感覚の次元においては、世界の文学の歴史を繙《ひもと》くまでもなく、そのような心情は古くから人間特有のものである。どうやってこの「幻想」から抜け出せばいいのだろう。「最初の情動」というものはなかなか消すことができない。人民の阿片とは、我々が群れのなかにいるのであれば、宗教ではなく憎しみである。だが歴史の断片は実在論的な記憶のなかにあるのではなく、もはや言葉とイメージと騒音による幻惑のなかにある。通常の意味で政治的でもあるその幻惑が集団的規模をもつこともあるのだが、セリーヌは最後までそのことを強く意識していた。

騒音だって？「さあ、音楽だ」と十九世紀にロートレアモンは書いたが（きっと彼も音楽好きだったのだ）、セリーヌには言うまでもなくすでに音楽がある。最初の『旅』においてもそれを感じ取れたが、彼の「晩年様式」はほとんど罵詈雑言と音楽でしかない。「ほんの少しの音楽を」。セリーヌ自身がそう言ったとしても、それは明らかに謙遜であるし、ここではもう悠長なことは言っていられない。ああ、そうとも、誰がどこを見回しても、音楽しかないのだ。この音楽は愉快でペーソス溢れるだけでなく不穏なざわめきをともなっていたが、我々にとって、そしてこの文章を私に依頼した日本のロック・バンド「魔術の庭」にとって、それはすでにロックンロールである。君たちはロックンロールを知らないとでもいうのか。

ところで、読者云々というのなら、これはセリーヌの反ユダヤ主義の賛美者についても同じことが言えるのではないか。（最近逝去された福田和也氏には申し訳ないが）この賛美者ときたらくだらない連中ばかりだとしても、赤ヒゲもどきのあくせくしたヤブ医者の日常のなかで、セリーヌは怒りのあまりあんな風に人並みに道を踏み外してしまったのか。彼らとともに。周りにいるのはいつも貧乏人ばかり。セリーヌはプルーストではない。それでもセリーヌが同時代の作家として一番気にしていたのは実はプルーストだったように思われる。セリーヌはきっと頑張ったのだろう、真面目なヤブ医者として！　犬やオウムや猫、動物だらけの不潔な診療室のなかで！　無駄なことに、虚しさのあまり、口角泡を飛ばして！　セリーヌの猛り狂った真情は庶民の感情をほとんど越え出るものだが、それを少なからず代弁してもいる。だが悪行は許されても、罵詈雑言はだめだ。それもひっきりなしのやつは！　しかしこのような問いの立て方は凡庸なだけでなく、セリーヌを差別と迫害についてのある生温さのなかに沈めて隠してしまう。

反ユダヤ主義者であれ、トロツキストであれ、民族主義者であれ、全ての偶像崇拝者は必ずといっていいほど改宗者になる。そうであれば、『旅』がベストセラーになったこと、それに対する毀誉褒貶はセリーヌにとってひとつの受難だったのだろうか。悪名高き政治パンフレットがセリーヌにとって災いをもたらすものだったとすれば、『旅』はセリーヌにとって最初の受難だったと考える者がいてもおかしくないことになる。ところで、はっきり言って、私はセリーヌの反ユダヤ主義を決して擁護しない。絶対に支持できない。必ずしも私が極左だったからではない。しかしこれらの賛美者たちも『旅』の読者も、彼らがセリーヌ自身の言う「情動の文体」をまず感知できたとして、彼らはほんとうにセリーヌの読者だったのかという疑念がよぎる。真の読者？　ああ、それが問題だ。そんな奴がどこかにいるのか。「おめでたい奴らの火葬場」（『懺悔《メア・クルパ》』）があるだけだ。ソビエト・ロシアを糞味噌にこき下ろしたこの見事なソビエト紀行文『懺悔』を書いた後、セリーヌはまっしぐらに反ユダヤ主義に突っ走った。この文章を始めて読んだとき、セリーヌはトロツキストだったのかと思ったほどだ。メア・クルパ、つまりまずは「我が罪」というわけだ。罪に対する情動の曲率というものがある。それは変な具合に曲がり始めると、遠くでやばい曲線を描くし、それがずっと目の端に見えている。それならセリーヌの政治パンフレットのそれなりに文学的な射程は？　文学的だって？　予想に反して、そんなものがあるのか。いや、どちらの陣営の賛美者たちにも文学は関係ないし、そもそも文学を理解できるはずがない。

反ユダヤ主義であれ何であれ、太古の昔から絶望のあまり激情は文字を浮き上がらせ、それをまっ白な白紙の上に書き出し実体化した。最初、白紙には目には見えない謎の文字がうごめいていた。そして文字は人とその霊を殺すことになる。セリーヌの弾劾は反ユダヤ主義的ではなく反ユダヤ主義そのものなのだから、このこと自体が、セリーヌが反ユダヤ主義者ではなく、むしろすでにユダヤの伝統、あの神秘的なユダヤ主義に絡め取られていたことを示しているとするユダヤ人批評家までいるくらいだ。でもそれは言い過ぎだろう。

では、反ユダヤ主義とは「歴史のゴミ箱」なのだろうか。我々はあまりにも現実的な幻覚にとらえられている。セリーヌだけではない。もっとも、西洋の反ユダヤ主義は根が深い。最近ではジャン・ジュネですら、パレスチナへの愛ゆえに反ユダヤ主義者の汚名を着せられた。だがかつてゲットーに閉じ込められ、虐殺された経験をもつはずのイスラエルのユダヤ人たちは、今もパレスチナの地で不幸なゲットーをせっせとつくって、無辜《むこ》のパレスチナ人を大量虐殺し、ナチスのように「民族浄化」などと口にしているではないか。これらイスラエルの極右たちは反ユダヤ主義者なのだろうか。ホロコースト、神の「燔祭」が繰り返されている？　そうであれば、イスラエルを批判することは反ユダヤ主義とは何の関係もないではないか。だがいるのはイスラエル政府や軍人や敬虔なユダヤ教徒だけではないし、おまけに近所のユダヤ人たちだけではない。そうではなく「聖書の民」、「書物から出てきた民」として、ユダヤ人たちが歴史の遠近法の消点にいたのは厳然たる事実である。セリーヌは明らかにそのことを理解しようとはしない。それは聖ヨハネの衣鉢をつぐと自認する（本当なのか？）人の子セリーヌの意に反することだったのか。セリーヌの反ユダヤ主義はセリーヌに取り憑き、餌として精神どころか生活自体をまるごと蝕む魔物《ディブク》だったのか。とにかくセリーヌは、「ユダヤ」という砕け散った五千年前の石板、そこに記されていたはずの消えた言葉にあえて抑え難く錯乱しているように思われる。

苦悩のなかで自分自身との不一致を享受すること。自分自身としっくりこないこと。言うまでもない。それを思い知るにはとにかく他者が存在することが大前提となる。当たり前の話だ。ユダヤ人だけでなく、我々は我々自身にとってすでに他者である。他者を前にしてそれでも身動きしないかに見えた生は傾斜し、破滅する。破滅しないまでも、変化をこうむり、破綻する。まともな作家であれば、彼の語る言葉はそのうち自死しようとするだろう。大精神を感得するなど、どこかの本で仕入れてきた嘘に決まっている。「人生は美しい」。裏切りによる暗殺者の鉄槌で死にかけていたトロツキーはそう言った。死を前にすれば、人生は美しいのだろうか。庭には花が咲き、メキシコの空が抜けるように青かっただけではないのか。私はトロツキーが暗殺された家を訪れたことがある。トロツキーの家はこじんまりしていたが、美しい庭があった。

セリーヌの晩年の作品群を読んでみるべきだ。尾羽うち枯らしたセリーヌ。だが文学にとってのみならず、そこでは二十世紀を深く穿つ何か深刻なことが起きていた。『城から城』。『北』。『リゴドン』。「人間なんかどうでもいい」、そう言っていた孤独なセリーヌ、でもほんとうはもっと人と関わりたかったのではないか。その点で彼の言ったことは裏腹でひねくれている。そうでなければ、あれほど人間を相手に悪態をつくことはなかっただろう。セリーヌが日常的に数々の間違いを犯したとしても、それでいてセリーヌは我々の俗悪さを嫌悪した。二十一世紀のことを無視しても、まあ、二十世紀は最悪の世紀だったのだ。

言葉を発することは、しかもあのような形で語り続けることは、とてつもない孤絶を伴う。セリーヌにとって孤独は動かせない石臼《いしうす》だった。爆撃で炎につつまれるハノーバーの村落が見える。悔しまぎれのように「小さな音楽」が聞こえてくる。実際にはシンフォニーやオペラの断片ではなく、鼻歌かもしれない。セリーヌは笑っている。いや、それを読む我々のほうが思わず笑ってしまう。セリーヌにはそういうところがある。だがそれを書いたセリーヌの独創的な手法あるいは息遣いは誰にも真似ができない。文体ひとつとっても、偉大な発明というものがある。

そして誰もいなくなった。お喋りなオウムのいるあの不潔な診察室の写真を見ていると、ふとそんな気がする。人間は馬鹿なことしか言わないし、馬鹿なことしかやらない。オウム以下だ。オウムは失礼なことを口にしても、馬鹿なことはやらない。いくら旅をしようと、どこまで行けども、生の果てには惨めでしみったれた孤独しかない。「このまま進んでも、あるのは世界の果てだけだ」、十代の終わり頃すでに少年詩人はそう言った。セリーヌは同じような意味で苦しんでいたし、むしろ猛り狂っていた。

セリーヌは戦争を書いた。彼のあらゆる小説がそうだ。その点では二十世紀最高の文学だった。生き延びたセリーヌは執念深かったが、とにかく忌まわしい現実の戦争があったのだ。セリーヌの孤独は寂しい空き地にごろんと放り出された人間の無残な死体を思わせる。すでに全ては見捨てられているし、世界はどうしようもなく罪深い。セリーヌはそんな不条理な光景に対してひとりでいつも空しく抗ったのだろう。セリーヌの言葉はちぐはぐであっても、あの瞬間この瞬間に突き刺さった。時間の流れを寸断した。果てには何が残されたのか。悲しい残骸がいたるところに見えるようだ。私は決してそれを忘れることができないだろう。

（二〇二二年七月）

6 アントナン・アルトーと音楽

今日はアントナン・アルトーと「音楽」に関して簡単にお話しできればと思っています。[1] あるいは、あまりにも大まかにすぎるかもしれませんが、「残酷の演劇」と「音楽」についても触れたいと思います。私はミュージシャンでもあるので、当然のことながら、今日の談話は、物を書く人間というより、音楽の演奏者、あるいは音楽をつくる者としての話にならざるを得ません。「音楽」と「言語」の関係または非関係の問題、私にはいまだ正解がわからない永遠の問題はいまのところは脇に置いておきましょう。私はその問題にいまも頭を悩ませていますが、一方には、「音」の現場、その同時的空間的経験というものが直接的にあります。ということは、この経験は「疑わしい知覚」に属しているのでしょうが、正直なところ、私は自分の「疑わしい知覚」抜きにもはやものを考えることができなくなっています。私の嫌いなカント的な言い方をすれば、私の「統覚」は音と音楽の決定的介入や侵入を完全にこうむっています。しかるに、我は聞く故に存在する、のです。

いまアントナン・アルトーと「音楽」に関して簡単にお話しできればと言いましたが、実際、このテーマではほんの少しの簡単な注記くらいしか皆さんの前に示せないでしょう。「アルトーと音楽」などというテーマは、私の知る限りですが、見たことも聞いたこともありません。何しろ、アルトー自身、「音楽」をやったわけではないし、音楽についてまとまったことを書いていないからです。したがって文献的な裏づけは乏しいものになることをお断りしておきます。

ところで、モジュラー・シンセ奏者の第一人者である森田潤と私はいま一緒に音楽を制作しています。このCDは『Vita Nova』というタイトルで二〇二三年十月二十日に発売予定です。どういうジャンルの音楽かといえば、自分たちでも形容しようがないていのものです。かなりエグい内容だと思いますが、前衛的なロックでもフリージャズでもありません。多くのノイズとリズムに満ちた作品群ですが、いわゆるノイズ・ミュージックでもありません。しかしこの森田潤とのデュオには最初から「音のイメージ」というものがありました。森田潤と私は幾つかの即興ライブを行ってきましたが、今度の我々のCD作品は、さまざまな手法を用いて、騒音を含めた音の推敲を重ね、練り上げたものです。しかし元にあったイメージはアルトーの「残酷の演劇」からの反響によるものでした（森田潤との次回のCDはずばり『残酷の音楽』[2]というタイトルを予定しています）。もちろん私は若い頃からミュージシャンとして「残酷の演劇」を意識していたわけではありませんし、知らず知らずのうちに自分の演奏する音楽のイメージが、あるときアルトーの「残酷の演劇」の考え方に重なっていることに気づいたと言ったほうがいいかもしれません。その意味では私はアルトーに影響を受けたはずです。

（1）「非有機的生について」二〇二三年八月十一日、室伏鴻アーカイヴ・Café Shy でのシンポジウムにて。
（2）鈴木創士＋森田潤『残酷の音楽』（Les disques d'Ailleurs 001）は二〇二四年五月に発売された。

「残酷の演劇」……。これを簡単に説明することは難しい。アルトーは、晩年に至っても、「演劇」の観念から離れていないことは明白です。ラジオ・ドラマ『神の裁きと訣別するため』が放送禁止になった後、ポール・テヴナンへの手紙にもそのようなことをアルトー自身が書いています。しかしそれは演劇を擁護するというようなことではありませんでした。むしろ演劇を自身の生のなかに溶解・解体するようにして、日常の生とは別の表現、それでいて生の本質の延長として、アルトーは演劇について考えました。

ところで、寺山修司も含めて、我々の誰ひとり、アルトーの芝居を見たものはいません。映像も残されていません。舞台の写真はありますが、それを見ても、バルテュスのつくった書割りが素晴らしいとか、衣装が凝っているとか、そのくらいのことしかわかりません。アルトーの演技といっても、アルトーが出演した数少ない映画のシーンから何となく想像することができるだけです。当時のサイレント映画は芝居の名役者の演技抜きには考えられませんので、映画においても役者の身振りそのものや存在感というものを無視できません。とはいえ、映画と演劇の根本的な違い、観客の側へのその効果を度外視すれば、当時は、身振りや仕草など、舞台上の演技と映画のなかの演技がかなり近いものだったのだろうと考えることができるだけです。アルトーの場合も同じです。他には、ラジオ・ドラマ『神の裁きと訣別するため』の録音が残されているだけです。この録音では、アルトーたち俳優の声以外にシロフォンや太鼓の音を聞くことができます。ちなみに、このラジオ録音からインスピレーションを受けた現代的なミュージシャンたちがいます。この録音のアルトーたちの声を加工して用いています。比較的最近の例を挙げれば、音響的ノイズ音楽『À Artaud』(EP－4 unit3)や、DJたちの合作『Pour en finir avec le jugement de Dieu : Artaud Limix』(Marc Chalosse)というCDが出ています。これは特筆すべきことでしょう。

もちろん「音楽」あるいは「音」に関して、若干ですが、アルトーのテクストは残されています。とりわけ『演劇とその分身』のなかに「残酷の演劇」(「第一宣言」、「第二宣言」)という文章があります。残酷の演劇とは何か、残酷とは何か、さっきも言いましたが、ひと言で言うことはできません。ただ「残酷」といってもアルトーにはかなり独特なイメージがあったようですし、アルトーがエリザベス朝演劇に影響を受けていたとはいえ、その演劇において、血が飛び散らねばならないということではありません。少なくともそれだけではないし、アルトーの言う「残酷」とはホラーではありません。アルトーが言いたいのは、そもそも生自体、実存自体が残酷であるということです。したがってそのように、残酷な生と地続きのまま演劇を演じなければならないということです。最もありふれた哲学的決定論でさえ残酷のイメージである、とアルトーは述べています。

それはさておき、「音楽」または「音」に関するアルトーの考えを「宣言」のなかからピックアップしてみましょう。

しかし表現のまったく東洋的な意味をもってすれば、この客観的で具体的な演劇の言語は諸器官を追いつめ、締めつけるのに役立つ。それは感受性のなかを駆けめぐる。言葉の西洋的利用を捨てるなら、それは呪文の語をつくりだす。それは声を発する。それは声の振動と特性を利用する。それは狂ったようにリズムを足踏みさせる。それは音を砕く。(「第一宣言」)

あるいは、

加えて音楽についての具体的観念があり、音は登場人物のように介入し、ハーモニーは二つに断ち切られ、語の正確な介入のなかに消える。

（「第一宣言」）

あるいは、

さらに器官によって感受性に直接深く働きかける必要から、音響的観点からすれば、絶対につねならぬ音の特性と振動を、現在の楽器がもっていない特性、しかも古いか忘れられた楽器の使用を復活させるように駆り立てる特性を探し求めるか、それとも新しい楽器を創りだすべきである。それらの特性はまた、音楽とは別に、金属の特殊な溶解や新しくなった合金に基づいて、オクターヴの新しい音叉に達することができ、耐え難い、神経にさわる音や騒音を生み出すことができる道具と装置を探し求めるように駆り立てる。

（「第一宣言」）

あるいは、

もし、消化のためにある今日の演劇において、神経、要するにある種の生理学的感受性がわざと脇に置かれ、観客の個人的アナーキーに委ねられているとしても、残酷の演劇は感受性を獲得する確かで魔術的な古い手段に立ち戻るつもりである。これらの手段は、色彩、光、あるいは音の強度のうちに存していて、振動、小刻みな揺れ、音楽的リズムにせよ、語られた文章にせよ、反復を利用しており、照明の色調や伝達の包み込みを介入させるのだが、不協和音の使用によってしかそれらの十全な効果を得ることはできない。

（「第二宣言」）

このように「音楽」あるいは「音」についてのアルトーの言及はほんのわずかですが、これを読んだだけでもアルトーがきわめて現代的なことを述べているのがわかるでしょう。例えば、「狂ったようにリズムを足踏みさせる」、「音を砕く」、「ハーモニーは二つに断ち切られる」、「古いか忘れられた楽器の使用を復活させるように駆り立てる特性を探し求めるか、それとも新しい楽器を創りだすべき」、「オクターヴの新しい音叉」、「耐え難い、神経にさわる音や騒音を生み出すことができる道具と装置」、「音の強度」、「振動、小刻みな揺れ」、「反復」、「不協和音の使用によってしかそれらの十全な効果を得ることはできない」などという言葉ですが、これらについては説明するまでもないでしょう。「音」の基盤をなす有限性であり、その解体、凝縮、離散であるノイズは、音楽において非有機的な「生」をつくり出し、音楽についての思考においてさえそのひとつの要素となるのです。現代の「音楽」、我々の音楽もまたそのことを表現できるはずです。これらのアルトーの言葉は、驚くべきことに、すでに一九三〇年代に、我々の音楽、とりわけ森田潤と私の共同作業の特性や、新たな可能性を逆にうまく言い当てているとしか言いようがありません。そう考える私としては、脱帽するしかないのです。アルトーは「音のイメージ」に関しても先駆者なのです。

一九三二年頃、アルトーと作曲家エドガー・ヴァレーズはともにオペラをつくるという計画を抱いていました。レコードもなければ演奏会もめったにないのだから、その時点でアルトーはヴァレーズの音楽を聞いていなかったはずです。アルトーにオペラ台本を依頼したのはヴァレーズのほうです。でももともとアルトーには演劇家として総合芸術的な考えがあったし、あるいは演劇の延長としてこの仕事を引き受けたのだと思います。生前には刊行されなかったが、アルトー自身がひとつの作品として構想した『手先と責苦』は、「残酷の演劇」の最後の達成、オペラ的総合のようにも受け取れるからです。しかも晩年のアルトーが多用するグロッソラリー（舌語、異言）だけではなく、この本の最後の章である「Interjections」（間投詞という意味ですが、邦訳では「言礫」と訳されています）はオペラ全体の旋律を内側から解体し、別の次元を加味するノイズ音楽のようなものです。

それはそうと、ヴァレーズはこのオペラのテーマを「シリウスの異変」にしようと考えていたようですが、アルトーの台本のタイトルは「もう大空はない」というものです。ヴァレーズが中心に考えていた天体シリウスのテーマはアルトーの台本では影が薄くなっています。ヴァレーズには宇宙に関してユング的ともいえる考えがあったようで、数ページだけ送られたユング的ではないアルトーの台本をヴァレーズは気に入らなかったようです。いずれにせよ、この未来の音楽的事件は実現しませんでした（アルトー側の健康上の問題その他の事情が絡んでいたようだが、その後アルトーは精神病院に監禁されることになる）。結局、台本も未完に終わりました。オペラは大いなる幻となりました。とてもとても残念なことです。自分のことを言えば、人知れずこの幻が私に取り憑いてすでに久しい。私がこのオペラについて色々想像したのは本当ですが、存在しないオペラを明確に想像することはできません。そうであれば、私はひとつにはこの個人的妄想によって騒音音楽をいまでも続けていると言えるのかもしれません。

さて、エドガー・ヴァレーズ（一八八三〜一九六五年）はフランス出身の音楽家ですが、一九一五年にアメリカへ移住します。ヴァレーズが音楽史のなかでどのような位置を占めていたのかをわかっていただくために、十九世紀後半から二十世紀前半へと至る現代音楽史を少しだけ簡単に振り返っておきます。誤解のないように言っておきますが、私は音楽史を勉強したわけではありませんし、これを私の主観的解釈と受け取ってもらって構いません。

後期ロマン派の音楽はワーグナーによって絶頂を迎えます。それまでの調性が崩れ始めるのです。後期ロマン派の半音階の奇妙な抒情性を思うと、これはたしかに狂気に近かった。ニーチェが、ワーグナーの音楽は人を病気にさせる、と言ったのもうなずけます。ワーグナーより二十歳ほど年下の作曲家アルノト・シェーンベルクはブラームスやワーグナーやマーラーの音楽に親しんでいましたが、この十九世紀的なロマン派的崩壊の絶頂はシェーンベルクに受け継がれたと言っていいでしょう。シェーンベルクの弦楽六重奏『浄められた夜』などはその傾向が顕著です。その後、シェーンベルクは調性を捨て、無調音楽、いわゆる「十二音技法」を創始します。そしてシェーンベルクには二人の傑出した弟子がいました。アルバン・ベルクとアントン・ヴェーベルンです。この二人の弟子の音楽を比べてみると、ロマン派的崩壊の傾向はベルクに受け継がれたと言っていいでしょう。そのようにベルクには明らかに懐古的なところがあるように思えますし、ベルクの『ルル』を聞いてもその感は拭えません。少なくとも私にはそう思えます。一方、ヴェーベルンにはその傾向が少なかった。ヴェーベルンには全く異なる「夜」があるのです。ナチスが彼らの音楽を「退廃音楽」として禁じたからではないですが、私にはヴェーベルンの音楽は第一次世界大戦から第二次世界大戦にかけてのヨーロッパ戦線の塹壕で聴こえる音楽のように感じる時もありますし、不思議にも世界情勢の極度の不安が色濃く滲み通っているように思われます。それだけでなく、ベルクとの違いを考えると、ヴェーベルンの根底にはバッハの音楽があると思います。ヴェーベルンには対位法が成立しない対位法のようなものがあるのです。何かが逆転されていて、調性において破壊されあるいは崩壊したものが裏地のように表現の形式を浮かび上がらせるのです。私はヴェーベルンが好きですが、西洋音楽のひとつの極限であるとはいえ、やはりヨーロッパ的な音楽と言っていいでしょう。

エドガー・ヴァレーズについてもう少しだけ触れておきます。一八八三年生まれのヴェーベルンと同い年であるエドガー・ヴァレーズですが、アメリカ兵の誤射によって急逝したヴェーベルンより長生きしたとはいえ、ヨーロッパ的なヴェーベルンとヴァレーズの違いを考えると、ヴァレーズには明らかに「アメリカ」（南米を含む）というものがあるように思います。ヴァレーズがなぜアメリカへ移住したのか本当のところはわかりませんが、打楽器の多用、その全くクラシック的ではない介入的使用や、自然の音、楽器以外の音や騒音、サイレンやモールス信号のようなノイズなど、音楽に別の要素がはっきりともち込まれます。オンド・マルトノやテルミンなどの初期の電子楽器もいち早く取り入れていますし、フルートやヴァイオリンの演奏も従来のものとは全く異なる音色を表現しようとしています。いくら芸術全般が前衛的な段階に達していたとしても、これは、ヴァレーズより少し年下のアメリカの音楽家、ジョン・ケージやジョージ・ガーシュウィンの師匠であったヘンリー・カウエルなどを別にすれば、ヨーロッパ的な音楽の伝統からはかなり考えにくいことです。ちなみにシュトックハウゼンやヤニス・クセナキスはずっと後の世代です。ヴァレーズは「砂漠」という作品において電子音楽そのものの先駆者と言えますが、「ポエム・エレクトロニック」では四百台のスピーカーを使って、空間的な彫刻音楽を実現したと言われています。これはほとんどロック的情景と言ってもいいでしょう。クセナキスはこの曲を一九五八年に演奏しています。ヴァレーズは、後のブラック・マウンテン・カレッジ派のような芸術家たちの先駆と言えないこともないと思いますが、グリニッジ・ヴィレッジに住んでいたヴァレーズはまさにアメリカ的なのです。つまりヨーロッパとは異なる新しいアメリカ、ビートニックな要素と言ってもいいかもしれませんが、これはかなりの部分、アメリカ音楽（例えばブルースやジャズ）とアメリカ文学に似ています。ケルアックやバロウズを思い浮かべていただければおわかりだと思います。ロックの世界について言えば、フランク・ザッパはヴァレーズに影響を受けたと公言しています。ザッパは一九六八年にヴァンクーバーのライブでヴァレーズの「Octandre」を演奏しています。素晴らしい演奏です。

現代フランスの音楽家でいえば、ピエール・ブーレーズがヴァレーズの作品を指揮していますが、ブーレーズはあまりにエリート的にフランス的ですから、彼が指揮したニューヨーク・フィルの演奏を聞くかぎり、「アメリカ」の野蛮が色濃くあるヴァレーズの特質、ヴァレーズのいわゆる「組織された音響」を本当に認めていたのかどうか私には疑問に思えるところがあります。そうです、エドガー・ヴァレーズには「野蛮」があるのです。ブーレーズがいくらマラルメやルネ・シャールを援用し、そうすればするほど、私はあまりにフランス的なブーレーズが好きになれません。例えば、サティやプーランクもフランス的ですが、サティはかなり孤立した音楽をつくっていましたし、プーランクはいち早く蓄音機に興味を示したりしていて、個人的には彼の宗教曲も嫌いではありません。一方、ブーレーズは嫌味なまでに知的なヨーロッパです。ブーレーズは、ヴァレーズのように、音を色彩と形になぞらえたりしません。ブーレーズが、自然のものであれ、電子的なものであれ、ノイズあるいはノイズ的音楽そのものを認めなかったことは明らかです。それらに対する何らかの感受性が働いていたとしても、それは知性のなかでのことにすぎません。理論的な音楽家であるかどうかは、この際どうでもいいことです。私の主観的感想ですが、ブーレーズの楽曲は結局のところどこかベルク的で、つまり慎重にロマン主義を取り除いた知的なベルクであり、いくらヴェーベルンの後継者であっても、ヴェーベルンには遥かに及ばないと思います。

したがって当時のアルトーがそんなエドガー・ヴァレーズと邂逅し、オペラをつくろうとしたことは、私にとってどうでもいいことではないのです。当時の前衛的なフランス・モダニズムの現実を生きていたアルトーが、日常においてもフランス派の音楽家たちをよく見聞きしていたはずなのに、すでにあの時期にヴァレーズを認めていたことは驚愕すべきことなのです。アルトーには独自の「音のイメージ」がたしかにあったし、ブルトンのように音楽音痴ではなかったということなのです。

アルトーがヴァレーズのために書こうとした未完の台本「もう大空はない」の冒頭はこう始まります。

闇。この闇のなかの爆発音。ハーモニーがぷっつりと断ち切られる。生《なま》の音。音の響きの消去。音楽は、遠くの大異変の印象を与え、目もくらむ高さから落ちてきてホールを包み込むだろう。和音が空で始まり、そして崩れ、極端から極端へと移行する。音がまるで高い所からのように落ちて来て、急に止まり、ほとばしるようにひろがり、ドームやパラソルを幾つも形づくる。音の階層。

（……）

音と照明は、壮麗化したモールス信号のぎくしゃくした動きをともなって不規則に砕け散るが、それは、モールス信号とはいえ、マスネの『月の光』とバッハが聞いた天界の音楽の違いと同じようなものになるだろう。

あるいは、

これらの台詞は叫び、騒音、すべてを覆う音の竜巻の通過によって断ち切られる。そして、耳につくばかでかい声が、意味のわからないことを告げる。

あるいは、

しかし、ほどなく、舞台で見出されるべきあるリズムに従って、声、騒音、叫びは、奇妙に響きがなくなり、照明も変質する、まるで竜巻に巻き上げられて、いっさいが空に吸い込まれ、騒音も、明かりも、声も、天井の目もくらむ高みにあるみたいに。

あるいは、

それから、奇妙な太鼓の音がすべてを覆う、ほとんど人間がたてる物音のようで、始めは鋭く最後は鈍いが、しかもつねに同じ音だ。すると巨大な腹をした女が一人入ってくるのが見え、その腹を、二人の男がかわるがわる太鼓のバチで叩いている。

あるいは、

歌声が溶け、言葉を運び去り、叫び声がいっせいに起こるが、そこには飢え、寒さ、激しい怒りが感じられ、情熱、満たされない感情、そして悔恨の観念が伝わり、すすり泣き、家畜の喘ぎ、動物の呼び声が起こると、この合唱のなかで群衆が動き出し、舞台を去り、そして舞台は少しずつ声と照明と楽器の夜へと戻る。

おわかりのように、これら未完のオペラ台本の言葉から、ヴァレーズの音楽に対してアルトーが何を望んでいたのかを想像することができるでしょう。このようにアルトーの「残酷の演劇」の構想はすでに音楽的であって、我々の言う音楽の要素を強い度合いでもっています。つまりアルトーの「残酷の演劇」は「音楽」あるいは「騒音」を含めた「音」なしには成立しなかったということなのです。そればかりでなく、この台本でのアルトーの発想と言葉は、聞いたことのなかったはずのヴァレーズの音楽それ自体さえをもすでに言葉でうまく表現していると言えるかもしれません。演劇的直接反応によるじつに明晰な分析です。アルトーはヴァレーズと言葉を交わしただけで、演奏を聞きもしないでヴァレーズの音楽を理解していたのです。それどころか、かなり不遇だった当時のヴァレーズのさらに後の作品の傾向もアルトーはすでにつかんでいたと言えば言い過ぎでしょうか。私にとっては感動的な話です。これは、繰り返しますが、当時のフランス人として驚くべきことです。

　ところで、いままで何の前置きも説明もなしに「音のイメージ」という言葉を使ってきましたが、この言葉は、この会の主宰者である宇野邦一さんの新著『非有機的生』から借用したものです。この本にはこうあります。

〈イメージ〉とは、単に知覚に与えられる画像ではない。知覚体験は複雑で、膨大なイメージ空間とともにある。そこには視覚に連結されたイメージだけでなく、聴覚、触覚に連結され、同時に多くの感覚に結合された横断的イメージがある。さまざまな知覚に分化し触覚に分化する前の、あの〈皮膚の知覚〉というミシェル・セールの発想を思い起こそう。そのような「共通感覚」の広がりにひしめく微細な知覚の重層や混沌を想起しよう。そしてあらゆる知覚が知覚のイメージとともにあり、イメージとして成立することを想起しよう。

聴力を失って、楽器も声も聞かずに作曲する音楽家は、ただ音のイメージを操作することができるのだ。逆に音のイメージがなければ音楽は成り立たない（音楽は、音の編成でも、音による表現でもなく、音のイメージであり、イメージ化された音なのだ。非有機化された音、とあえて言ってみよう）。そして言語もまた、音のイメージ、事物のイメージ、意味というイメージなしにはありえない。それらすべてが壮大な、多次元のイメージ空間を構成している。視覚、聴覚、触覚、等々の区分よりも、区分を超えて構成されるそのようなイメージ空間のほうが根本的である。

ここで言われている「音のイメージの操作」は森田潤と私の演奏の根幹にあると思います。そこには、さらに宇野さんの言葉を引用すれば、たしかに「非有機化された音」、「非有機化された音楽」があります。我々の音楽全体についてもそれが言えると思います。つまり我々の音楽はベルクソン的なものにも経験論的なものにもならないだろうということです。

アルトーの「音のイメージ」は、ヴァレーズの音楽とともに、私の妄想のなかをいまだに漂い続けています。それはどこへ向かうのでしょう。このことはミュージシャンとして、喜ぶべきひとつの幸運なのかもしれません。それを確かめるように私は演奏しているとも言えるからです。

高田馬場にて

（二〇二三年八月）

7　母の幻覚

「うら若きイギリス女性が、サンタ・マリア・デイ・フラーリの左側の礼拝堂の敷石の上に花束を置く。モンテヴェルディ。私は石に接吻する」

——フィリップ・ソレルス

そっと音もなく幕が上がったのだ。

庭の向こうの天空の帳《とばり》、それがじょじょに広がり、空の青に溶けてしまう。チチチッという小鳥の声に混じって、遠い幻聴のようにモンテヴェルディのミサ曲がかすかに聞こえている。それはとぎれとぎれに受難の開始を告げている。

一六四三年以来、モンテヴェルディはヴェネツィアのサンタ・マリア・グロリオーザ・デイ・フラーリ教会に眠っている。混沌と恐怖が渦巻いていた。突如、静寂の塊がそこまでやって来る。世俗の喧騒は離脱の準備に入るだろう。聖母マリアのための歌。母は死んだ。こうしてひとつの迷妄がゆっくり解凍される。

音は無際限に続く瞬間の連なりのなかにあって、自ら凝固し、集まってくる。その出口を探さねばならない。少しずつ螺旋を描く声の上昇、そいつはまだ叫びの名残りのように中空にとどまっている。声の性別が失われる。伽藍《がらん》が開こうとしているところだ。あたかもわれわれの方へ向かってそれが消えてゆくかのように……。それから落下が始まり、突然、空がここまで落ちてくる。

Ave maris stella ごきげんよう、海の星よ……

明り取りの小さな窓から陽が斜めに射し込んでいた。強い一条の日差しが床の埃をガラスの粉のように舞い上げる。ここはどこなのか。火の舌のようなものが現れ、合唱の声が耳のなかだけで大きくなる。上昇……。

Felix coeli porta 幸いなる天の門……

この門は門ではないのだから、入ることはできないだろう。床が燃えている。火の海原のような灼熱の最後の輝き。火は油のように、水の上の皮膜のように広がるが、しだいに弱まり、やがて消えてしまう。

時は迫っている。

Gabrielis ore 大天使ガブリエルの口より……

海辺の気配がする。波打ち際に流木が見える。砂浜に打ち上げられ、朽ちた舟。海はありとあらゆる不在の証しだ。私はそこにいた、私はそこにいない、私はそこにいないだろう。生命……ほんとうなのか。

むしろ眠り、広大な死、それから寄せては返す波。ジョイスはそれを欲望の波だと言っていた。ピアッツァ・デル・エルベ。われわれはあの海辺の広場にまだいるのだろうか。

「新しい服を着てきたの」、誰かが耳元でそう言っている。

Monstra te esse matrem 母たることを示したまえ……

庭の隅に大きな樫の木があって、生い茂る葉の下に三人の男が立っている。強い日差しの下に、私は座っている。そっと顔を上げる。スローモーションのように男たちが口を開くのが見えるのだが、何も聞こえない。無声映画のなかにいるかのような三人の男たちはずいぶん昔の人に違いない。これらの男たちが遠くからやって来たことは間違いない。旧約聖書……。男たちが誰なのか必死で思い出そうとする。三人の男たちの姿は霧がかかったように霞んでゆき、やがて見えなくなる。

つい一時間ほど前のことだ。それとも何年も経っていたのだろうか。庭にくたびれたロッキンチェアーを引っぱり出し、読みかけの本を閉じてうつらうつらしていた。夏の庭は荒れていた。まるで目まぐるしく動く夢を見ながら少しずつ記憶を抹消していくように。入るべき掟の門はない。見る端から夢はフェードアウトしていった。死んだ母が向こうで喋っているのが見えた。声は聞こえない。手が動いていた。口元と手の仕草だけが見える。

頭のなかか、それともずっと遠くで、電話の小さな呼び鈴が鳴っているのがさっきから聞こえていた。家には誰もいないらしい。すべての出来事は、現実のさまざまな瑣事は、遠くで演じられている得体の知れない芝居にすぎなかった。その芝居にあからさまに介入しながらも、いつもそう思おうとしてきたことを自覚している。すべてが終わっていたのだろうか。くだらない芝居だということは最初からわかっていた。それとも、この芝居は急を告げていて、われわれを不安のどん底に突き落とす知らせを運ぶものだったのか。つまり私が夢を見ていることはどこかの誰かにはわかっているはずだった。それだけは確かだ。でも、誰なんだ?

母の手のひらと指が見えた。生きているときは、ごつごつした哲学的な指だと思ったことがあった。うっすらと口紅を塗った唇が動いていた。母は笑っているようだった。声、聞こえない声、かすかに聞こえる声……。それぞれの音節、それぞれの語には意味が充填されているが、瞬時にそれは失われる。言葉の、声の、裏面は空虚だ。沈黙には何かが隠されている。ひどい寝汗をかいて、喉がカラカラに渇いていた。さっきの誰かだが、その誰かには、さきほどの夢の続きを、それを見る前からあらかじめ全部知っていたような気がしていたに違いない。どうせ悪夢に始まりなんてない。だが悪夢のなかにいる私だって、どこかで誰かが見ている何の変哲もない夢のなかにいる犬や猫と何も変わりがないではないか。でもはたして悪夢なのだろうか。それは序破急のどこにでもある夢の終わりだった。その夢から覚めかかっているところなのだ。それにしても、いったい誰が見ている夢なのか。

「お前は私の顔を盗む、私が見たものを誰が見たのか。私が聞いたものを誰が聞いたのか」。モンテヴェルディと同じ時代を生きたスペインのバロック詩人ゴンゴラはそう言っていた。

いや、そうではない。ほんとうに電話が鳴っているらしい。しばらく放っておいたが、電話は鳴り止む気配がなかった。やっとのことで起き上がると、なんとか受話器のところまで辿り着く。電話は切れていた。

声……、独唱……、合唱……。反物質。

母と娘と母権制に災いあれ
それが始まることさえ今もこれからもありはしない
ほら世々に続く諸世紀の外でその残余がいつまでもぐずぐずしている
そうではないのだ！

ソレルスはモンテヴェルディについてのエッセー「グロリア（天国創作日記）」のなかでそう言っていた。

いつかみんなにさようならを言うことができればいい。矛盾した感情を抱いたままで時間のなかに転落したのは、「それがあったところに生起しなければならなかった私」なのだろうか。フロイトの言う「それがあった」はつねにほとんど未来からやって来るのだとしても、「それがあった」それ自体は、いつのことだったのか。私は「それがあった」の外へ出てゆかねばならない。だが時間が傾き始め、この傾斜のなかに引きずり込まれたのは確かだ。私は生じた……。誕生ではない。それにイオカステやライオス、モーセやイシスにはさようならと言いながら、ダンテ主義者であるソレルスは「永遠の薔薇」に執着していたではないか（彼は『神曲』の「地獄」篇、「煉獄」篇、「天国」篇のうちで、「天国」に最も重きを置いていた）。

私は永遠の薔薇を知らない。ベアトリーチェはマリアの不可能な予表ではなかったのか。ところで、マリアは私の母ではない。相変わらずわれわれはひどい混乱のなかにいる。それにしても、マリアはあの男の母ではなかったのか。マリアは神の母でありながら、人間の女から生まれた人の子であった。人の子であることは神の子であることを意味していた。神の母にして、同時に自分の産んだ神の子供。母にして娘。子にして母。ダンテもドゥンス・スコトゥスもそのように考えた。母も子もひとつの観念ではない。

モンテヴェルディの「聖母マリアの夕べの祈り」はまるでチベットの僧院で歌われ奏でられているかのようである。

声……、独唱……、合唱……。反物質である三。三位一体のような、ボロメオの輪のような、三つの位相があった。ばらばらになって、それでもつながったままいつまでもざわめいている三。この三は記憶を凌駕し、すでに記憶の先にある。声がへんげする。肉体の外へ。もっと外へ。その声から再び肉体が現れるのを我々は見るだろう。ここでは自己なき自己、自己を喪失したはずの自己が悠々《ゆうゆう》と反復される。だが精神分析はここでは何の関係もないし、ここに極まるのは神学かもしれない。それはたしかにクォークでできている。

（二〇一九年二月）

8　友情

私の偏愛する本『ベケットの友情』（安川慶治・高橋美帆訳、現代思潮新社）の冒頭で、著者のアンドレ・ベルノルドはサミュエル・ベケットの美貌について語っている。ベケットの美しさ、その猛禽類のような美しさは人目を引いたが、同時にそれは彼にひとつの特別な不可視性を与えていた、と。それはもしかしたら美貌とはまったく反対の何かであり、その何かはベケットの不在そのものではなく、不在をつくりだすものである。こんな風にして、通りやカフェで、彼を知っていて、彼の名前を知る人がベケットにまるで気づかないことがあった。

風の蹠《あしうら》のように失踪してしまうのではない。彼の姿はそのままそこにありながら消えてしまう。すでに消えているのと同じことになる。ベケットの気取りのなさは奇跡的だった、とアンドレ・ベルノルドは述懐する。もちろん、ベケットは威張ったりしない。彼は慎み深いし、何にもとらわれていない。そんな風に思わせるところが、その不在のすばやい形像のなかにある。ベケットの初期の文章と後期の作品を比べてみればいい。ベケットもまた変化したのだと言うことができる（彼はほとんど亡命の境遇にあったし、彼の言語は、ジョイスのそれがそうだったように、しかしジョイスとはまったく違う形でしだいに亡命の言語と化した)。

彼の表情が忽然と消える時がある、とベルノルドは言う。天体の蝕《しょく》のように、そのぽっかり空いたはずの穴のなかを覗いたとしても、何かが見えたりしないし、何かを知ることはない。黒の背景には黒い穴があき、白い背景には白い穴があいている。彼がそこにいるが、彼はそこにいない。何も起きてはいない。彼がそこにいるとき、邪魔をする者はいない。余計なお節介を阻止するのはその消失の力である。消失は時間を知らない間に変質させ、現前の先を越して、すでにそこにある。こうして消失が人のかたちをとる。彼自身の沈黙、あたりを領する沈黙が訪れるのはその後である。ベルノルドは、ベケットは「外」にひきこもっていたと書いている。

「ベケットにおいて、美は消失の力にひとしい」。

そのままで消えること、そのまま現前のなかに消失の力、その源泉をもつこと。私はその情景を心に描いてみる。あるようで、なかなかない情景。それでもこの半世紀も歳の違う友人同士のあいだで起きたのは、このすばらしい友情がまるで偶然のようにもたらした奇跡的な往還であった。現前と不在は行ったり来たりした。

ベルノルドは続ける、

追憶が見いだすのはこの不在である。ベケットの生前、その現前のただ中にあったのと同じ不在だ。そして、ベケットについて語りうるのは、この不在のおかげである。「もっとも近い者たちは、かれらにとって近さであったものしか語らず、近さのなかに際立っていた遠さを語らない。そして、遠さは現前が失われるとともに失われてしまう」。『友愛』のなかにモーリス・ブランショはこう書いた。しかし、サミュエル・ベケットによって差し出された近さ、あらゆる点で不釣り合いなひとりの人間――愛情の深さだけは別だが――、この私に差し出された近さは、端《はな》から、もはやその現前に依存しない遠さを宿していた。それはまるごと私に住みつき、いまなお消え去ろうとしない。友情とは、それがありそうにないもの、歴史をもたないものであるとき、なんと神秘的であることか。その場所はかすかな光に包まれている。かすかな光、どこに光源があるのかわからない光に包まれている。友であった二人そのものが光源であると見紛うほど、光は遠くからやってくる。

そのぼんやりとした、柔らかな光を見たことがあるような気がする。エル・グレコの絵画に描かれたどこから射してくるのかわからない、あの神秘的な光にそれは似ているのだろうか。でも光源はほんとうはどこにあるのだろう。光源がなければあたりは闇に覆われるはずなのに、物が見えている。光が遠くから射していることは確かである。それは遠くからやって来るしかない。感じ取ることができないくらい小さな爆発が向こうであったのだろうか。がらんとした空虚のなかから音楽が聞こえてくる寸前なのだろうか。何も始まってはいない。始まりを手でつかむことはできないし、手のひらには何もない。それとも何かが終わって、新しい一日、じつは新しいなどとはとても言えない何かが始まっているのだろうか。始まる前のあの停止、息を飲み込む寸前のあの一瞬。飛ぶ鳥が突然視界から消えるように、何かが失われていることはたぶん間違いない。

先日、神戸の三上寛のライブへ行った。だからというわけでもなかったのだが、中島らもの命日の二日後だった。普段はそういうことはなかったのに、私はそれを覚えていた。中島は十五年くらい前の二日前、三上寛のライブに行った帰りに、階段から落ちて死んだ。会場は同じであるし、その日も三上寛のライブだった。違うのは、そのとき私がそこにいなかったことである。今も昔も特に日本のフォークを聞く習慣は私にはない。しかしこの日の演奏には私の心を動かすに足るものがあった。三上のギターは電気で、一緒にやったサックスもよかった。ソプラニーノというのだろうか、アート・アンサンブル・オブ・シカゴのジョセフ・ジャーマンを思い出した。一緒に行ったHは、彼の演奏は阿部薫に似ていると言っていた。だから私が気に入ったのだ、と。あなたの世代だから……。そうかもしれない。だがそうでもない。私は私の世代が嫌いである。どんな世代がいいというわけではない。その演奏は中島の死後の生に似合っていると思っただけだ。三上のうたう津軽の歌にも、二人の演奏にも煉獄的なものがあった。地獄でも天国でもない。長い待機、長いため息、長く険しい柔和さ、そして小さな爆発があった。

若い頃の中島らもにも彼なりの特別な美貌があった。美貌の青空。土方巽の言葉だ。たしかに青空のように明るい。それとも夏の早朝にホースで水をまいたり、自分が水を浴びた後のようにさっぱりしていた。彼は遠くにいた。彼はときどき生まれ変わった。私は近づいて彼の顔をわけもなく見つめていることがあったかもしれない。彼は黙りこくって、ぐずぐずしているわけではないのに、不思議な緩慢さを全身に帯びていた。中島は別の空間からやって来るように突然そこに立っていたりしなかった。ベケットの反対である。ベケットの消滅は一種の加速を含んでいる。逆に中島の緩慢さは非生産的であり、何かを生み出す生産や出現の行程、現前とは反対方向にある。時間をどうにかしなければならなかったのに、時間の罠にはまりそうになる錯覚に陥った。それは錯覚であって錯覚でなかった。

私は焦っていた。その緩慢さに慣れる前に私は別のことを反復し、思考を弄《もてあそ》び始めるか、そのなかに無理やり入ろうとしてそれを投げ捨てたりしていたかもしれない。ゆっくりと何かが離れてゆき、言葉は鳥が地に落ちるように落ちた。彼は少し皮肉な笑いを浮かべてそれを眺めているだけだった。中島がマスコミに頻繁に姿を現すようになり、ある種の世界の寵児になっていた頃、その特殊な美貌は失われているように私には思えた。彼はわざと自分でそれを壊していた。私はその頃彼に会わなかった。私が言うべきことではないだろうが、煉獄でじっとしているほうがよかったのかもしれない。そうであれば彼は死ななかったかもしれない。

「友情」はありそうにないものでなければならない。歴史をもってはならない。あの待機、あの大気、あのため息……

（二〇一九年八月）

9　どんな風に？——サミュエル・ベケット

サミュエル・ベケットの新訳小説三部作『モロイ』、『マロウン死す』、『名づけられないもの』はどれも素晴らしい訳だったが、それに続いて同じ訳者宇野邦一による『どんなふう』（河出書房新社）の五十年ぶりの新訳が出た。やっぱり今日もまた雨が降っている。夢のなかで降り続く雨を描いたデューラーの落書きを思い浮かべる。後ろに山があって、ずっと雨が降っている絵。たったそれだけ。他に急いで読まねばならない本があるのに、雨音を聞きながら、暗がりでベケットの本のほうへ吸い寄せられる。一ページだけ読む。二ページ目も。私は本に吸い込まれる。句読点はない。活字は少し大きめで、ページはさっぱりしている。余白の多いページが好きだ。砂漠の文学を思い出す。砂漠に点在するスカラベの糞また糞。そこに雨は降らない。ある極限に達すると、句読点は砂にまみれて消えるらしい。

ベケットの三部作には作を追うごとにある種の「進展」が見られた。会話があった。だが会話は少し違う次元で、少し違う時間のなかで行われ……、いったいそこで誰が喋っているのか。まずはそんな印象だった。しかしその印象はこんな問いがほとんど無意味であることを示唆している。むしろそれはどんな傾斜を、下降を、落下をともなっていたのかと問うべきだろう。あるいは上昇だったのか。饒舌なときもあるその語りは、それでも何も書かれていない黒板に向かって慎重に投げつけられたチョークのように粉状に砕け散り、何かの形を浮かび上がらせたかと思うと、しかしベケットはチョークをまた拾い上げては吟味するように黒板に何かを記して、再びそれを消した。タブラ・ラサは創作の第一歩のように思えるときがある。また雨が強くなる。ベケット自身の姿も遠ざかるようだった。

彼は後ろ向きに背中を見せて、手を振っていた。顔は前方を向いたまま。この本は以前に別の訳で読んだはずだが、まったく覚えていない。覚えていないくせに、この本は三部作に続く、また「消去」また「消滅」また「削減」また「省略」の連続なのではないかと直感する。ベケットは書き続けていたのだろうが、文は文で勝手な振る舞いをすることがある。だが読み始めると、私は本に、本の背後に、本の基底に吸収されてしまう。私は吸引される。どんな風に？　吸収された私は液体のお化けのように心地よくどこかへ連れ去られ、流されていくことがあらかじめわかる。そうじゃないと、もう真剣に本を読むことはないだろう。地獄、煉獄、どこかはわからない。

『どんなふう』の書き出しはこうだ。

> どんなふうだったか　私は引用する　ピムの前　ピムといっしょ　ピムの後　どんなふうか三つのくだりは　聞こえるとおりにそれを言おう
>
> （ベケットの引用は全て『どんなふう』より）

引用の妙技というものがあるが、ベケットはそんなことは考えていない。そうではなくベケットは「私は引用する」と最初に言っている。何から、誰から、引用するのか。本は無数にあるし、どれから引用してもいい。でも違う。ベケットは聞いている。「聞こえるとおりにそれを言おう」、ベケットはそう言っている。注意して彼の言葉に耳を傾けなければならない。何を聞いているのか。たぶん声を。何かの声。声は複数なのか。とにかく声はかすかに震えている。微分された声。分身のテーマには数学的側面がある。哲学とも心霊現象とも違う何か。

それでも数学者ゲーデルにならって、あえてライプニッツ哲学に助けを求めるべきなのか。とはいえ「不可弁別者同一の原理」を持ち出すには及ばない。そんなことをあえて私が言うのは、無謀にもライプニッツに反論しようとするためなのか。とんでもない。そうではなく、世界に、絶対的なまでに似て等しく、場所あるいは数においてしか異ならないような二物が存在しないことはすでにわかっているからだ。我々は世界のなかにいて、つぶさにモナドの交通状況を観察することができるし、我々はモナドを見ていたのに、その前に我々自体が観察されてもいる。たしかにあらゆる作用はあらかじめ個体的実体に帰属する。しかも作用を日の光のように絶えず浴びている。だがモナドに出たり入ったりできる窓はなかったはずだ。あたりを見回して、窓を探してみる。霧状のものが、シャボン玉が、煙が、目の前をよぎる。

うつぶせになった自分が見える　目をつむる　青のじゃなく　後ろの別の目　腹ばいになった自分が見える　口を開け舌が出て　泥の中を進み一分二分　もう渇きはなく　死ぬなんて問題外　この間じゅう　広大なとき

すべての述語が主語にあらかじめ備わっているとしても、主語に属するとされる述語的様態の何もかもを主語が現実化するとは限らない。ましてやこの個体的実体がすべての述語的様態を一挙に発散することはないだろう。そんなことになれば、個体的実体は主語もろとも爆発し、人は発狂するだろう。だからほんとうに主語に属するものが何なのかを、この個体的実体の蔭で、それに寄り添いながら、そっと吟味しなければならない。ベケットは語りながらそれをやっているように思える。それに主語にはときには自分が見えることがある。ベケットはそれを強調している。この自分は主語に属していないとも思えるし、そうであれば、これが書かれることによって、ほんのささやかな個体的実体の最初のイメージが与えられることがあったのではないか。我々はこうして泥の中を一歩一歩進んでゆく。

だから訪れるものもなく生きる　いま書いていること　自分の話以外に話はない　自分のざわめき以外にざわめきはなく　私が破る沈黙以外に沈黙はない　うんざりでもこれといっしょにもちこたえるしかない

声が訪れてくれるなら、そのとき分身は数学的側面をもたない。算術は必要なくなる。でも別のことが起きたりする。声を聞いているのに、聞いているのは自分の話しかない。何ということだろう。ざわめきのなかから声が現れるのか。それを待つのか。そんなこともあるかもしれない。だがこのざわめきはずっと沈黙のほうに吸い寄せられたままだ。だから何としても沈黙を破らねばならないだろう。

私の記憶　確かに　喘ぎはやんで　問題は私の記憶　確かに　やはりそこに　すべてはやはりそこに大部分が　この声は実にわかりやすく　私の中でごくかすか　またぼろ屑　ほとんど聞こえない　喘ぎがやむとき　あまりにかすか　あまりに低く　たぶん百万分の一でもない　聞こえるとおりに私は

言う　泥に向かってつぶやく　どの言葉もあいかわらず

もちこたえていても、あいかわらず記憶が幅をきかす。一種の悪癖だ。しゃしゃり出てくる。しゃくにさわる。記憶を消すことはできないし、私が忘れても脳のどこかが覚えているらしく、宇宙のどこかにまだ残存している。私は遠い記憶に戦いを挑む。そんなものは私の記憶ではないと激しく主張しても無駄である。しかしようやく何かを思い出してみると、今度は、私がどこにいたのか、いなかったのか、わからなくなる。主語が見当たらない。声を聞こうとしても、もうほとんど聞こえない。ジャン・ジュネは「私はいた、そしていなかった」と言っていた。それが真実なのだろう。今、個体的実体は現実存在としてここにあるのに、私はかつて個体的実体として現実に実在していたのだろうか。それとも内在性には外縁というものがないのだろうか。誰が、何が、それを証明するのか。もう算術は必要ない。「不完全性定理」はゲーデルによって証明された。「外」が必要になる。事物の本性というものがあり、あらゆる述語機能がそこに何らかの根拠をもっているとしても、この内在性は本性なるものに対してはじめから記憶想起をその本来の作用としていたのだろうか。だがそんなことはありえない。

ピムの言葉　無理やり吐かされた彼の声　彼は黙り　私が介入し　必要なもの全部　彼はとりもどし
私はたえずそれに耳を傾けるだろう　だが私の言葉　私の言葉にけりをつけること　ピム以前の自然
な順序　私の言うわずかなこと　音なし　一つの人生について私が見るわずかなこと　否定すること
も信じることもなく　しかし何を信じるのか　たぶん袋、闇、泥、死を　たぶん終わるために　こん
なに生きた後で　いろんな瞬間があって

述語は私ではなく例えばピムのなかにあるのか。彼は沈黙しているのだから、言葉にけりをつけるのはつねに私である。内在性はどこかへ行ってしまった。残っている述語は、ああ何と、袋、闇、泥、死！偶有性は本質に対して付随的であって、残されたもののなかにはない。どうしようもなく最後に残された残余とは、本質に対して残されたものである。神とか自然とかを別にしても、生きてあるためには、何かを信じていなければならない。残されたものから選ばなければならない。

> というわけで　か弱い鋭い叫び　似非《えせ》カストラートのあのつぶやきの前ぶれ　そのあいだ我慢しなければならないだろう　もう数がわからない　まさに　やはり　前の場合と少しちがうこと　もう最小の数字もない　これからは　あらゆるあいまいな尺度　そう　あいまいな遠さの印象　空間の遠さ時間の遠さ　二つの間の短さのあいまいな印象　それで結果として　もう計算はなく　やむをえず代数的順序があるのみ　そう　私に聞こえるのは　そう　次には　いいえ

ベケットがずいぶん遠くまで出かけて行ったことがわかる。私が言うまでもない。そして遠くて近いところ、近くて遠いところがある。代数的順序にしたがってはいるが、潜在的無限とは関係がない。まったく違うことが起きている。むしろこの瞬間に、この個体的実体は全宇宙を表出していなければならない。未来に向かってあらゆることがそこで起きるのだから、大変な事態だ。でもこの実体は最小の潜在的数字のように完結した世界を自らの前方にもっているのだろうか。それは過去・現在・未来を通じて本当に完結したものとしてそこに映し出されているのか。ライプニッツは「神の作品」などと言いながら、ここでも算術が行われている。像の数を数えてみればいい。うまくいかないだろう。だけどそれを映し出し増殖させた鏡はひとつしかなく、しかもすでに割れていたのではなかったか。モナドというものがよくわからないのはこの点であるし、鏡の裏側はもう鏡ではない。ただの板きれだったりする。

ある日私たちはいっしょに再出発するだろう　そして私たちを私は見ていた　幕が一瞬開いた　ここの何かがおかしく　そして私たちのこういうことすべてを私はかいま見ていた　小さな節《ふし》を聞く前におおそのもっと前に　私たちは助けあって進み　いっしょに転び　抱きあって再出発の機会を待ったもの

再出発しなければならないし、そうしなければならなかった。幕が一瞬上がったのだった。我々は劇場のなかにいたのか。その前に、ここは劇場だよ、と誰かが言った。入り口のあたりだっただろうか。誰かがドアーを蹴飛ばした。夕暮れになっていた。ずいぶん冷えてきた。奥の暗がりに小さなライトが灯っているのが見える。舞台があって、座席があったのか、どうもはっきりしない。演じるのが誰か、客席に座るのが誰かは、結局、誰にもわからなかった。人の声がしていた。見ると、劇場なんかなかった。

二年より少し長く我慢する　そして再登場　ああ　いや　寝そべったまま　もし寝そべっていられるならもう動かない　私にできること　一時的衰弱　後生だから　少し遠くに行くこと　少し遠くがあるならば　このちっぽけな明るみしか知らない　昔は動いていた　本の中でのこと　少し遠くの泥暗闇の中　転ぶこと　私の瀕死の兄　彼の孫息子に　おまえのパパ　彼の祖父さん　彼はその中に消

え　二度ともどらなかった　そのことを考えよ　お前の最期が来るときには

ベケットは本音を語っている。私は凶暴な音楽を聞きながらこれを書いている。ノイズが少し遠くの泥のように思える。私の原型がそこで少しずつ形づくられる。全宇宙ではない。宇宙の果てでは音楽もまた二度と戻らない。同じ音を、同じ旋律を聞き、たとえ時間が反復されたとしても、それは戻らない。ノイズならなおさらだ。ノイズをともなった祖父さんの声、娘の呟き、現実がかいま開く幻のなかでそれを聴いたとしても、批判と諦めを込めて、祖父さんの声のほうは電波の嘆きか軋みのように聞こえる。だがしばらくすると彼の声はその騒音のなかに消えてしまう。私は祖父さんが言いたかったことを考える。私は凶暴な音楽を聞いている最中なのだ。

いや何も　私は何も言っていなかった　私は聞こえるとおりにそう言う　私はいつも言っていた　下側の束の間の動き　音なし　ピムの声が私の耳にむかって言う　私はずっとそれを手中にしているかもしれない　彼方の生　他に可能性はない　私たちの青のささいな場面　あいかわらず昼　晴天少々の浮雲　夜　星々　天体　決して闇ではない　好きなだけ打ち明け話　秘密は私たちの間にあるつぶやき　いつも同じ　私の考えではいつも聞いているやつだ　問題なんかない　私はそれ　自分の意見をつぶやく　問題なんかない　決して疑いが私の頭をかすめたはずはない　私の考え　私はそれを聞きつぶやく　決して決して

どうすればよかったのか。絶対に闇や暗黒ではなかった。他に可能性はないのか。外面を見てみよう。

形相は欠陥だらけで、いびつだし、物質からなるこの宇宙のなかでも、質料はつねに引き算され、足りることはない。たくさんの個体的実体。「むやみに実体の数を増やしてはならない」、ウィリアム・オッカムは十四世紀にそう言った。それらは悪用される。問題だらけだ。好きなだけ、必要なだけ告白しても、秘密は残ったまま。リズムを変化させよう。この環境はミニマルではないし、延々と続く同じフレーズの反復なしですまそう。連続は合成されるが、証明は後回しにされる。それは構わない。ヴァリエーションをつけてみよう。そんなことはなかなかできないというのに、やってみるだけの価値はある。すべて上々。すべて最悪。二つは同じ事態を指しているのか。

こんなふうに永遠に　私はあいかわらず引用する　ここで何かがぬけおちた　こんなふうに永遠に
ポムでもあればピムでもあり　左にいるか右にいるか　北か南か　虐待者か犠牲者かによって決まる
こんな言葉は酷《むご》すぎる　いつも同じ犠牲者の虐待者　いつも同じ　そしてときには棄てられた旅人一人　ただ一人で名前もなく　これらの言葉は酷すぎる　ほとんど全部が少し強すぎ　私は聞こえるとおりにそう言う

引用するなら、本の全文を引用するべきであろうが、そうもいかないので、この辺でベケットからの引用は終わりにする。ライプニッツは、真理には二つあって、一つは思考の真理であり、もう一つは事実の真理だと説いていた。だがライプニッツは、これらの真理が一つのものであり、同一のものであるとは言わなかった。ところで旅人はいろいろいても、旅はいつも一つではなかっただろうか。ベケットが言うとおり、棄てられた旅人が一人いまも途方に暮れている。彼は空き地のようなところに所在なげに突っ立っている。彼を見て私は苦笑する。向こうで彼もぼんやり笑みを浮かべているのがわかるが、そこにいるまばらな人たちもまた彼を見て笑っている。何とも微笑ましい光景かもしれない。
でも彼は少し強すぎるのだ。思考に対して。事実に対して。しかし聞こえるとおりにそう言ったとしても、耳を貸さない奴がいるのだし、聞こえたとおりに見たとおりに書いたとおりに馬耳東風だ。馬の耳に心地よく吹く東風があるのだし、そして風に吹かれていると、しかしあの春風とはまた無関係に、何かが掘削され、掘り下げられ、深くめくられ、剥ぎ取られることがある。そこが空き地でもそんなことが起きるのだし、そもそも空き地すらなかったのかもしれない。個体的実体に嵐が近づいているのだろう。不穏なブルー・ブラックの空が見える。とにかく幕はすでに上がったのだ。空のずっと下、あの劇場らしきところで、緞帳《どんちょう》のプリーツが、襞《ひだ》が見える。暗い襞だ。襞にノイズやら古い記憶やらが巻きついたりこびりついたりしている。
「魂は自分の襞を一挙に開いてみるわけにはいかない。その襞は際限がないからである」。(ライプニッツ『モナドロジー』)
(二〇二二年十一月)

10　後ろ向きのベケット

私はゲームを退けます。それがどんなものであろうと、ゲームをすることはありません。自分がそれにハマり、中毒になることが前もってわかっているからです。そういうわけで、私はゲームの規則を拒否します。この会の主題はサミュエル・ベケットの『クワッド』ですが、非常にゲームに近いと思われる『クワッド』自体について語るのは、したがって私の手に余るので別の話をします[1]。

ベケットを撮った写真にはいいものがたくさんあります。被写体がよかったからということもあるでしょう。一人で写っているのもいいですが、ジャコメッティと一緒に撮られた写真なども好きです。でも、この場合の被写体とは何なのでしょう。まあ、それはいいとして、後ろを向いたベケットを写した写真がありますす。とてもいい写真です。男の背中などということが言いたいのではありません。後ろを向いていてもすぐにベケットだとわかるベケットの実存らしきものが感じられます。だけど、それだけでなく、彼

(1)　「ベケット・パーティー」二〇二二年七月十六日、室伏鴻アーカイヴ・Café Shy でのシンポジウムにて。

の実存はその消滅といつも釣り合っているように見えます。ベケットの内には現前と消滅が同時に起こっているかのようです。言うまでもなく彼はいまにも立ち去ろうとしています。彼はいつも我々の前から姿を消すのです。これがベケットの特徴です。ベケットは我々に何の関心も示しません。つまりあらゆる点で媚を売らないということでもありますが、このことは皆さんもすぐに同意されるでしょう。小説の登場人物もそうです、例えば、モロイを説得することはできません。

実際にベケットの姿を見たことはないですが、彼の後ろ姿を思い浮かべると、彼の作品からも同じような印象を受けます。つまりベケットの文章と人となりは釣り合っています。このことはそのままベケットの作品の形式と内容という観点に移行させることができると思います。ベケットの身体と釣り合っているのは、内容だけではなく、文体もです。これは古今東西世界中を見渡してもかなり稀なことです。作家自身というより身体らしきものが書いている、という点において、これによって内容と形式の一致はほぼ完璧なものとなるのです。ベケットは、「ダンテ、ヴィーコ、ジョイス」というエッセーのなかで、内容と形式、つまり内容と文体は一致しなければならないと言っていたように思います。いや、厳密に言うとそうではなかった。ベケット自身の言葉はこうです。「ここでは形式は内容であり、内容は形式である」。イタリック体で強調されていたのは、「である」です。形式は、即内容であり、内容は即形式でなければならない。そして内容と一致した、あるいは内容にほかならない形式は即座に別の形式を生み出します。ベケットを一行一行追っているとそんな感じがします。そのことによって突然そこに現れることになる内容は、今度はその形式と一致しなければなりません。『名づけられないもの』においてそれは顕著です。こんな風にして文章が次々と繰り出されます。これが『モロイ』から始まり何百ページも続くのです。壮観というほかありません。

ついでに言っておけば、まだ漠然とした、ただの萌芽のような考えですが、ベケットと舞踏あるいはダンスを結びつけるとしたら以上の点は見逃せないと思います。この一致において生命の最も微細で貧しいもの、かそけきものが現れるように思います。それ自体は暴力的な形態だと私は思っているのですが、例えば、動と不動が同じ平面にあるだけでなく、ほとんど同じものとなり、見分けがつかなくなります。それが暴力の一形態であるのは、この身体と文体あるいは形式の一致が読者または観るものにある種の極度の沈黙を強いるからです。ところで、仕草の意味が大きくなればなるほど、それは取り返しがつきません。次々と新しい仕草が必要になります。だが仕草とともに何かが言われるとしても、仕草が贖《あがな》われることはない。仕草もまた瞬時に消えてしまうからです。実際のベケットの手が美しければ美しいほど、そう思えばそう思えるほど、彼の文章は貧しさの核のようなものを示し始めます。何かがもはや拭い去れないくらい削ぎ落とされます。

ところで、文章と身体ということでは、アルトーがすぐに思い浮かびますが、アルトーのケースは少しニュアンスを異とするかもしれません。アルトーの身体は、ご存知のように、振幅や振動、膨張や吸収、激しい断続性や粉砕をともなっています。アルトーの話はまたの機会に譲るとして、ともあれ、ベケットの文体は身体的に言っても彼自身にそっくりなのです。前々から私にはそういう印象が強くありました。これはどういうことなのか。

誰かが内側で書いています。外側にもベケットがいます。誰かがいて、何人もの誰かがいて、同時に内側には誰もいないかもしれない。それとも誰かが書きながらそれを消しているのでしょうか。消しては書き、書いては消している人がいるのでしょうか。それを外側のベケットがもう一度書いています。しかもそれらは同時に起こっています。そこが他の作家たちと違うところです。ベケットを読むと、「誰が書いているのか」という問いが頭をもたげるだけでなく、いつも不思議な感じがします。神秘的でさえあります。

写真のなかでこちらに顔を向けたベケットは知的です。しかも鳥を思い出します。一種の猛禽類。しかし眼差しからは穏やかさも感じます。つまり猛禽類それ自体とは少し違います。まだ全部読めていないのですが、今日ご一緒している高山花子さんの新刊は「鳥の歌」についての本なので私の関心と重なるところがあるのですが、小説『モロイ』にもたくさん鳥が出てきます。そして鳥のようなベケットを実際に知っていた人は、彼は美しかったと証言しています。写真を見る限り、私もそんな風に思います。ベケットは痩せているけど、長身だし、それなりに目立ったと思います。強い印象を人に与えたのではないかと想像します。ベケットを知っていた人の証言によると、彼がカフェにやって来ると、誰もがそれがベケットだとわかっていても、ベケットの孤独の邪魔する人はいなかったそうです。観光客などが話しかけようとすると、カフェのギャルソンがそれを制止したそうです。

私も彼に会ってみたかった。いや、実際には会わなくてもいい。話しはしないでおく。彼の住まいの近所、パリのカルティエ・ラタン、リュクサンブール公園近くのカフェかどこかで、店を出て行くところをちらっと見かけるだけでよかった。私としてはそもそも生きている作家に会うのはどこか気が引けます。その人の作品、文章が気に入っているとして、生身の彼に会ってみてすごく幻滅することがきっとあるからです。作家の文体、その内容と、彼の身体は普通はそれほど一致しないのです。ところで、ベケットが猛禽類的だけでなかったのは、平安や穏やかさだけではなく、彼には独特の笑いもあるからだと思います。鳥は笑ったりしません。しかし彼の作品のなかに見出されるこの笑いは残酷で凶暴かもしれません。少なくとも残酷さや凶暴さの背景が垣間見えるように思います。さきほどアルトーとの身体の違いについて述べましたが、ベケットにおいて、人生、生きること、死ぬこと、つまり人間の生自体が残酷な様相をしばし見せるのですから、ベケットの残酷さはアルトーの「残酷」と通ずるところがないとは言えないと思います。

私は自分が何歳なのかわからなくなるときがあります。十代でないことはわかっていますし、実際、体もぼろぼろで、自分を見捨てていると言えばいいのでしょうか。見捨てる。見捨てられる。これもまた「晩年様式」かもしれません。それでいて、見捨てられている、と私は自分から言いたくないのかもしれません。しかしベケットははっきりと「見捨てられている」と言っているかのようです。最近とくに感じるのですが、生きていながら、死んでいればいいと切望することもあります。自殺のことが言いたいのではありません。全然、違います。

「見捨てられている」というのは「死んでいる」という状態に近いのかもしれません。ベケットの小説を読むとそれを感じるときがあります。「結局のところ、自分が死ぬのを感じなくても、もう死んでしまったと思うことができる」、ベケットは『マロウン死す』のなかでそう言っています。

さらにベケットはこうも言います、

つまり私はすでにまじめさにがんじがらめになっていた。それが重病にまでなっていた。私は他の梅毒やみと同じように生まれつき大まじめだった。大まじめな自分を大まじめにやめようとし、生きて、何かを考えだそうとした。そんな自分のことはわかっている。しかし何か新しくやってみるたびに混乱し、救いを求めるように暗闇のなかに身を投げ、他人のこんな見世物は体験するのも我慢するのもいやだという連中の膝下に飛び込んだ。生きること。それが何を意味するかわからないまま、それについて喋っている。何を試しているのかわからないまま試してみた。結局のところ、たぶん私は生きたのだ、自分では気づかないまま。なぜこんなことばかり喋っているのか自問する。ああ、そうだ、退屈をまぎらわすためだ。生きること、そして生かしてやること。言葉を糾弾してみてもはじまらない。

（『マロウン死す』宇野邦一訳、河出書房新社）

ベケットは登場人物が死にかけていることを絶えずほのめかしますが、必ずしも「死」が何であるかというようなことではなく、そのことによって「死んでいる」という、言ってみれば、生における「新しい状態」のようなものを私は考えてしまいます。

こんなことは別の世のお伽噺のように思われるでしょうが、「死」が何なのか誰にもわからないのですから、「死」そのものや「死んでしまった」結果とはまた別の、「死んでいる」という状態は、生のなかにも見つけることができるかもしれません。「死んでいる」と「死」は重ならない。それは生が生を逸脱する契機かもしれないし、「死んでいる」状態があるだけで、「死」そのものはないかもしれないとまで私は思ってしまいます。「死んでいる」は、それが生きているときから続きます。私は死んではいないが、私の内と外で、何かが死んでいる。そして「死んでいる」状態は何かが失われるのではなく、「生きている」のと同時に起きている。「死んでいる」状態は、何もしない自由のことなのでしょうか。言葉の次元では、ほんとうの意味での「絶句」に近いかもしれない。喋り続けることによって絶句すること。沈黙は絶えず破られます。沈黙と喋り続けるというこの二つの問いには何か関連があるのだろうか、とベケットは問いかけています。現代音楽家シュトックハウゼンはベケットのこんな言葉を引用しています、「一度途切れた沈黙はもはや決して完璧ではないだろう」（『名づけられないもの』）。ついでに言えば、「死んでいる」ことによる沈黙は、音楽的でもあるのです。

楽しみにしていた宇野邦一さんによる小説三部作の新訳が完結しました。『モロイ』、『マロウン死す』、『名づけられないもの』を私も読み返しました（ここでのベケットの引用はすべて宇野邦一訳）。僭越ながら、とても素晴らしい訳だと思いました。はじめてこれらの小説の邦訳を読んだのはずいぶん昔のことで、そのときの読書がどんな風だったのかもうほとんど覚えていません。ところどころですが、何が書かれているのかは何となく感知できていたかもしれません。しかしこの作家が何を考えているかまでは理解していなかったと思います。私は英語がだめなので、拙いフランス語力でパラパラ原書を見た覚えもあります。私はたぶん何もわかっていなかったのだと思います。だけどベケットを読むことに関して、「理解」というのは少し違うかもしれない。

当時は、時代の雑音のせいで、ベケットの文章を前にして盲目になることができなかったと言ったほうがいいかもしれません。ベケットを読むには、時代の風潮も我々の置かれている状況も無関係なのではないかと思えるときがあります。もちろん、誰もが『ゴドーを待ちながら』をそのように読んだ時期もありましたが……。小説に関しては、とにかくどんなバイアスも要らないのです。ところが、ベケットは「根本的なことを理解する歓びが損なわれるわけではない」とも言っています。これは伏線なのでしょうか。とても複雑なことをベケットはさも簡単そうに単純な言葉で述べています。私にはこれはほとんど名人芸に近いのではないかと思われます。ずいぶんな余興です。まあ、それはそれとして、何かを理解したにしろ、しなかったにしろ、そのつど、ベケットを読むことは新しい「経験」であることに変わりはありません。これはとても本質的なことです。我々には新しい経験が必要です。だけどすべての読書が「経験」であるかといえば、そんなことはありません。あんな風に書くことのできる作家、読者にこんな強度の印象を与える作家はそうざらにはいないことはご承知のとおりです。悲しいかな、うんざりするくらい、絶望的なくらい、いないのです。

さきほどちょっと触れたように、ベケットには「笑い」があります。「私だけが人間で、他は神様だ」(『名づけられないもの』)。ベケットはそう言います。これには大笑いしてしまいますが、大げさに考えれば、大変重大な帰結をともないます。「私だけが人間で、他は神様だ」。想像してみてください。なかなか面白い光景です。そうであれば、大文字の他者などいないかのようです。しかも、他者の他者は存在しない、と言っていたラカンは間違っていたことになる。

あるいはこんなのもあります。「しっかりしろよ、息子よ」。このベケットの言葉にも笑ってしまいます。「息子」という言葉にはびっくりします。イエスのことを言っているとも思いますが、そうでもない。ベケットは、通りすがりに、イエスを思わせる人物のことをほんの少しかすめるときがあります。これもまた一種の余興なのでしょうが、と同時に、笑いを誘うだけでなく、何か過激なものも感じます。そして先ほど述べたように、ベケットには音楽も感じ取れます。「クワッド」のシナリオの俳優の動きを見ると、それは最小限に切り詰められていて、たしかにミニマルなところがありますが、でも、「沈黙」という点で考えるなら、いくらベケットの言葉に反復的な要素が多用されているとしても、ミニマルミュージック的なところはないかもしれません。ついでに言うと、ジョン・ケージにはジョイス的なところがありますが、ベケット的ではありません。

その一方で、「沈黙はどうでもいい」と語るベケット。絶えず「沈黙」の主題に立ち戻り、沈黙するのかと思いきや、そのくせ話者は喋り続けますし、喋ることをやめません。奇妙な「沈黙」です。笑いがこぼれます。私にはベケットの沈黙はやはり「身体的なもの」にしか見えないし聞こえません。この沈黙が身体的なものでなければ、出来事を捕まえることはできないでしょう。

　堀千晶さんの訳でロベール・パンジェの『パッサカリア』を読んだときもそう思ったのですが、小説に登場人物は要らないのではないか。人物は必要でなく物だけがあればいいという意味ではありませんが、もはや登場人物は登場人物の役割をもたなくてもいいのではないでしょうか。ベケットの主人公というか登場人物は、甕《かめ》の中に住んでいたりします。甕の中に突っ込まれた壺人間マフード、でもそれも嘘だったようです。存在したことがなかったのに存在しているワーム、いろいろいますが、その他の登場人物とはいったい誰なのでしょう。名前のない、名づけられない登場人物たちは、それにもかかわらず読者である私に絶えず審判を下します。まぎれもない「審判」です。我々はつねに審問にかけられている。だけどいつもこの私はそれに対して抗弁することができない。なぜなのでしょう。

　宇野邦一さんもベケット論『ベケットのほうへ』（五柳書院）で指摘するように、ベケットの文学はベラックワという人物と関係づけることができると思います。ベラックワはベケット的人物と言えます。ベラックワは、ダンテ『神曲』煉獄篇第四歌に登場する実在した人物で、ダンテと昵懇《じっこん》の間柄であったらしく、楽器職人だったと伝えられる人です。彼は終生ものぐさで、臨終まで悔い改めませんでした。死んだあと地獄は免れましたが、煉獄前域にいます。煉獄にはその前域があるらしいのですが、そこはまだ煉獄ではありません。『神曲』によれば、ベラックワは生きているダンテが語りかけても、岩陰に座ったまま、膝の間に顔を埋めてこうべを上げもしません。彼にはここでも何かをしようとする気がありません。できれば何もしたくない。生前と同じくものぐさなままです。それで彼が言うには、煉獄に入るためには、地上で過ごした時間と同じだけそこで待たなければならない……。このベラックワはそのまま横滑りして、舞台裏でベケットの影の登場人物となっているかのようです。宇野さんの言葉を引用するなら、「死と生、煉獄と地上の間にあって、すでに生きてしまった生の夢を怠惰に反復しているベラックワの偶像がいつまでも繰り返されるのだ」というわけです。

ベラックワは待っています。待つこと。そうです、我々はたぶんいつも待っていなければならないのかもしれません。ずいぶん長い待機です。我々は何かが起こるのを待っているのでしょうか。それとも我々は死ぬのを待っているのでしょうか。ベケットはこう言っています、

しかし、死ぬことも、生きることも、生まれることもできないというこの話はいったい何だ、自分のいるところに、死にながら、生きながら、生まれながら留まるという話にも、何か果たすべき役割があるにちがいない。前進も後退もままならず、どこから来るのか、どこにいるのか、どこに行くのかわからず、他のところに、別の仕方で存在するかもしれない、何も仮定することはなく、何も自問することはなく、すべて不可能、そこにいるだけ、自分が誰か、どこにいるかわからず、見たところ、見たところでは、事物はそこにあり、事物の何も、あたりの何も変化していない。終わりを待たなければならない、終わりが来なければならない、そして終わりにはそれは、終わりにはついにそれはたぶん前と同じこと、または終わりに近づかなければならなかった、あるいは終わりから遠ざからなければならなかった……

(『名づけられないもの』)

こんな風にして、ベケットの文学の場所自体が煉獄にあったのではないかと思えてきます。地獄と天国との力関係において、煉獄においては、地獄と天国という相反する二つの力のベクトルから解放された浄罪的過程あるいは時には非浄罪的過程の力が働いていると思われます。さきほど述べた身体と文章と

いうことで言えば、地獄はまさに「身体」の場所であり、天国は、理想的な形でそれが為されるとすれば、「文」は「身体」から切り離されます。天国はイデアのように「文」だけが成立する場所です。煉獄はといえば、したがってまさに「身体」と「文」の場所であり、「身体」と「文」が一致する場所であると言うことができるでしょう。ベケットの文学はそれを示しているのだとも思われます。

フィリップ・ソレルスは、文学の最高の形は「天国」的言語を語ることだというようなことを述べていますが、私にはなかなかそうは思われません。私はソレルスの本を翻訳しているし、若い頃『テル・ケル』誌に影響を受けましたが、これに完全には同意できない。地上に一つの場所があるとすれば、そこに我々はしがみついて生きているのだし、文学に一つの場所があるとすれば、それは地獄と天国に挟まれた、地獄でも天国でもない煉獄を考慮に入れないわけにはいかないと思います。天国には下界のできそこないである人間の歩みがない。地獄と煉獄を登攀するダンテ、そのような人間の歩くペースというものを見出せないのです。ちなみに宗教的な観点からは煉獄はカトリック的な場所だと言うことができると思います。ベケットは『名づけられないもの』にこう書いています、「それでも彼らの助けを借りて、その場所に、私というものに少しずつなれていき、昔からの問題が、つまり若くても老いても、助けもなしに、案内もなしに、たった一秒をいかに生きるかという彼らの人生の問題が少しずつ浮上してくるだろう」、と。生きたまま煉獄に入ったダンテには死者であるウェルギリウスという案内役の先達がつきそっていましたが、ここには、そしてベケットの文学には、しかし先達となる大詩人ウェルギリウスはいないのです。案内役は不在です。

ベケットの文章からいくつもの声が聞こえてきます。それはひとつの声のときもあるし、多数の声が交錯することもあります。声は発せられたと同時に失われる。しかし声にはたしかに伴侶がいるのが感じられます。伴侶は闇のなかからそっと現れる。伴侶は無言であることもあります。それは身体のことなのでしょうか。身体は声から出てくる。滲み出てきます。それは道化のように悠然としています。素晴らしい声があります。普通の声があります。老人の声、女性の声。雑音。ノイズ。鳴り止まないノイズのような声。不気味な声もあるかもしれません。聳え立つ声があります。かすれて、しわがれて、かすかにしか聞こえなくなる声があります。唐突な声がある。あまりに簡潔な声なので、人は釘付けになります。縁がぎざぎざで不分明な声。声はまたかすれて弱まり、消えてしまう。また声が聞こえてきます。吐息。姿は見えません。息もかすれる。息が切れる。苦しい。プロンプターの声。パントマイムや人形遣いの無言。そして黒衣《くろご》の声。存在するはずのない声。存在してはならない声。それなのに存在しているつもりの声。沈黙しながら語ることのできる声。沈黙のなかで喋り続けることのできる声。そんなことができるのでしょうか。できるかもしれない。声の風が吹きます。天使が通る。そのためにふと沈黙が生まれます。我々はここでもまた待っているだけなのかもしれません。

もう一度繰り返します。「死んでいる」。生きているのに「死んでいる」状態を想像してみてください。それが否定的な事柄であるとは限りません。人はいつの時代もあちこちで可能性について大いに語りました。この可能性には欲望や野望や嘘がべったりこびりついています。一方、ドゥルーズが言うように、ベケットによって、慎重に、大胆に、可能性が汲み尽されます。可能性の消尽そのものが生起します。口先にでかかった、でも口先だけのすべての可能性が汲み尽くされるのです。素敵な光景です。ベケットはうんざりしているのでしょうか。一方では、たしかにそうであるに違いありません。実際、我々もうんざりしています。こんな時代、文学など誰も読まないし、芸術も何もない、相変わらず戦争をやっているだけの、嘘つきと金の亡者だらけの、馬鹿みたいな悲惨な最悪の時代にベケットを読むことは、したがってとてもいいことだと私は思うのです。
ベケットは言います、

こんな状況で、どうやって書くのか、この苦々しい狂気に、手を動かすという可能性しか見ないというわけか。わからない。わかるかもしれない。しかしわからないだろう。こんどはだめだ。この私が書こうというのだ。膝から手をあげることのできない私が。かろうじて書くためにだけ私は考えている、頭は遠くにあるのに。私はマタイで、私は天使である。十字架の前に、罪の前にやってきた、この世界にやってきた、ここにやってきた。
（前掲書）

最後に『名づけられないもの』から、他にもいろいろあるのですが、私の好きなくだりを引用して、この話を終えたいと思います。

空気、空気を。このなつかしい主題が少しでも役に立つか見てみよう。この魔法にかかった円形の外の私のすぐ近くでは、まったく透明な灰色の空気が、浸透しがたい薄い層を重ね、ほんの少しだけ濃い色に染まっている。かすかな光が私の鼻先で起きていることを識別させてくれるのだが、これは私のほうから発する光なのか。いまのところそう仮定する利点が見つからない。底なしの夜は、やがて、ある程度まで明るくなったが、私の聞いたところでは、黒ずんだ空と大地そのものの光の助けだけを借りたのだ。ここに真っ暗闇はない。この灰色はまず闇になり、ついでとにかく不透明になろうとするが、これでもかなり強い明るみを含んでいる。しかし私の視線が、そこになんとか空気を見ようとしてぶつかる障壁は、実はむしろ黒鉛の密度をもつ囲いのようなものではないか。(……)九十九パーセントの時間はそこでは何も起こらない。両目は燃える石炭のように赤いにちがいない。ときどき私は自問するのだ。二つの網膜は向かいあっているのではないかと。そのうえよく考えてみると、あの灰色は、ある種の鳥の羽のようにかすかに薔薇色を帯びている。鸚鵡がそうじゃないかと思う。

ベケットを読むことはこの空気を吸うことです。ここでは鸚鵡はぺちゃくちゃ喋ったりしません。鸚鵡も沈黙し、静寂が領しています。ベケットのページの上を鳥の翼がかすめたのです。

高田馬場にて

(二〇二二年七月)

11　里程標——アンドレ・ブルトンを讃える

「そこでのみ、いつも小道は再び錯綜している。
（……）私は何事からも復帰しなかった」
——ジャン・シュステル『アルシーヴ　五七—六八』

里程標は石でできていたにしろ、木でできていたにしろ、そこに記された文字は風雪に耐えたのちに完全に消えてしまっているか、蛮族によって里程標自体がすでに破壊されてしまっている。どのような幻覚の指が指差したのであれ、そしてそれによって人々が魂を抜き取られるようにして遠くへ導かれたのが本当だとしても、ローマの黄金の里程標はサトゥルヌス神殿になどなかった。かりにあったのだとしても、帝国への道はいずれにしろ砂地獄へ向かうかのように遥か向こうまで下っていて、道の先はわれわれを拒否する歴史それ自体と同じように砂煙に霞んで見ることができない。

いかに里程標を建てたアウグストゥスを讃えようとも、そんな文言をまともに読んだものは嘘つき以外に誰ひとりいなかった。誰も何も覚えてはいない。このローマの黄金の里程標を改築したのはセプティミウス・セウェルスだと言われているが、彼はあの少年皇帝ヘリオガバルスの祖母か母の夫であった。つまるところ、複製のように増殖する道がいかに続こうと、それらの道がどれほど人の血を吸い込んでいようと、すべての道はローマへ通じてはいないのである。

私の妄想のなかで（と言っておこう）、ブルトンの文章に頻繁に現れた「里程標」という言葉は、彼がシュルレアリスム運動を、防毒マスクをかぶったスキャンダラスな唯一の愛の影武者のような主導者として牽引したとき、そしてたとえブルトンが深夜の美術館に忍び込み、息を殺してそこに閉じこもり、絵のなかで見初めた若い女性を他愛ない神秘主義的暗号、貝殻のなかでとぐろを巻いた何のためでもない暗号の断片のように解読しようとしたときでさえ（最初の日の光で暗号はかき消えてしまうだろう）、自分自身の生活を犠牲にした証しなのである。ブルトンの里程標は錆びた鉄でできていたのか、それとも磁化したおもちゃのようなブリキでできていたのか、それをいまさら問うてみても何も始まらない。その道路標識のひとつは「黎明《オーブ》」と名づけられている。新しい朝が到来し、彼はそれを信じたのだ。

　ブルトンは未来の行動の大いなる錯乱に賭けていた。そのことは手に取るように理解できたというものだ（日本赤軍だった映画監督・足立正生のような人は、自分はシュルレアリストだったと言っていた）。下世話な話と取られても仕方がないが、実人生における最悪のものとは、最悪のものがたぶん確実ではないのだから、生の極めて強度の条件である。そのことを思い知るがいい、といまも悪魔が耳元で囁いている。ブルトンは、ランボーのように、ハレーションを起こす目には見えない羽毛のなかで窒息でもするように街中を歩き回ったに違いない。道徳的または美学的観点からしても、あらゆる論拠を一瞬でないがしろにするようなやり方でやみくもに歩き回ることは、たぶん青年にとってじょじょにその効力を発揮する産みの苦しみであり、同時にその解放だった（後にシチュアシオニストたちはそれを「心理地理学」と呼んだ）。否定的過剰、ブルトンはあまりにも過剰な人だったのだが、それは芸術といえども、その時宜を得た究極的な変貌と、その結果である消失寸前の爆発のあかつきには、政治を否応なくはみ出す政治の様相を帯びてしまうのであるし、そのことによってブルトンは生のすべてを肯定したのである。

「法王ブルトン」、常套句のようにさんざん口にされたこの罵倒金言を、十代の頃、私は焼けただれた大きな翼の絶望的な羽ばたきが生み出す爽やかな微風のように良しとしていた。生意気にも、当時の反ブルトンを標榜する日本のフランス文学者たち（すべてがフランスの作家その他の路線の猿真似だった）は間違っていると思った。間違っているだけではなく、センスがなかった。秘密の愛の対象はつねに別のところにある。ブルトンという人物があらゆるものの麻痺状態のなかでいかにも謹厳だったとはいえ、シュルレアリスムはひとつの政治運動だったのである。いま政治の領域についてはあえて言わないにしても、二十世紀を見渡せば、ある種の運動のなかで自分の理論に対する反応に不寛容だった人たちは少なからずいる。フロイト、ブルトン、ラカン、ドゥボール、ソレルス。サン゠ジュストを参照しながらも、彼らはサン゠ジュストのように処刑を行なったわけではない。文学芸術その他の運動とはそんなものであるし、占い師を軽蔑している風を装う当事者でない者たちは、自分の汚れた手のひらを見つめながら泡を食ってそうではないと言い張るのだろうが、そんなことはどれもしごく当然のことだったのだ。

　それに未来の総括もあれこれの検証も結局のところどうでもいいではないか！　アルトーやバタイユのような人物を除名することのできるグループに私は十代の頃どれほど羨望の念を抱いたことだろう。幻想のなかで君を除名することに私は同意する！　シュルレアリスムはひとつの生き方である。歴史もジャック・ヴァシェも立ち止まりはしなかった。歴史への参画とは何を措いても瞬間のなかに滑り込むことだ。サド侯爵の城の近く、カラヴォンの谷間はここからあまりに遠い。瞬間はたえず自立しようとするのだし、独立不羈《ふき》である。要するにこの瞬間、この一瞬そのものが君を追い出し、お払い箱にするのだ。『シュルレアリスム宣言』（何と二十代の青年がこの第一宣言を書いたのだ）、『通底器』、『失われた足跡』、『黎明』、『野の鍵』、『秘法十七番』がかつて私の金科玉条だったことは認めよう。だが瀧口修造をいかに愛していようが、二日酔いの誰それが何と言おうが、残念ながらそんなグループは日本には存在しなかった。

おまけに歴史的意味における運動の最後を担ったシュルレアリストたち、ジャン・シュステル、ジェラール・ルグラン、ジョゼ・ピエールといった人たちは、六八年五月の数年後に『ル・モンド』紙に発表された、もちろん『マルドロールの歌』を意識した「第四の歌」というシュステルの宣言によって、国際シュルレアリスム運動を歴史的に解散したのだからなおさらだった。五月の革命的暴動のさなか、我々はパリの街頭に自分たちの姿を認めた、というようなことを彼らは言っていた。あのぎくしゃくとした、哲学的にして、落書きのように下手くそな文章！　彼らはその後『クピュール』というすべて引用からなるパンフレットを六号ほど出したが、そのうちのひとつであるマオ派の扇動文書『人民の大義』を再録した号が発禁になったとはいえ、それで一巻の終わりだった。実にすがすがしかった。シュルレアリスム運動は終わったのである。

ブルトンが『ナジャ』のなかで探し求め、そのこと自体によってすでに発見してしまっていたあの「公式」に敏感だった人たちは大勢いたし、いまもいるはずだと思う。「お前がすでに私を見つけていたのでなければ、お前は私を探さないであろう」、とその昔パスカルは書いていたが、お前が私を見つけ出すかもしれないという気遣いは、まるで終焉を迎えた超新星の最後の爆発の無音の輝きのなかにしかないかのようだった。光ったと思った途端に、全能の合言葉のようにすべては暗黒の闇に戻るのである。もちろん発見は無駄ではなかった。それに私が午後二時に君を探すための横道はいたるところにあるのだとしても、『狂気の愛』のなかでブルトン自身が言っていたように、セザンヌの「りんご」の光暈は「首吊りの家」の影の眩暈と釣り合っていたのだから、たしかに道は一本だったのである。とはいえ形而上学は不安のなかにしかないのだし、その特殊な屈折現象は人間の精神によってのみ観察されるのかどうかも私は知らない。だがこれらの道は、たとえそこを通ったことがあったとしても、きっと蔦かスイカズラが生い茂る見たこともない道なのだ。

『ナジャ』から二十二年後に、「ポン・ヌフ」という文章のなかで、ブルトンは同じような道を通って同じような未生の力の本性を見極めようとしている（このエッセーは『La Nef』誌の特集号「半世紀のシュルレアリスム年鑑」に掲載され、後に『野の鍵』に収録された）。ドーフィーヌ広場は、ブルトンによれば、最も辺鄙な場所のひとつであり、パリにある最悪の空き地のひとつであるが、ポン・ヌフ橋を渡ってそこへひとたび着いてみるや、別の場所へ行きたいという気持ちが失せてしまうらしい。こんな場所が例えばシュルレアリスムの歴史的射程の変遷と、インターナショナルな観点からなされた数々の感動的な軋轢《あつれき》を生み出す最初の精神的きっかけを与え、その原動力となったに違いない。歩いているとき、書いているとき、ブルトンはひとりであり、「黄金の沈黙」のなかで恐らく孤独だったのである。「私とは誰か？」……。ブルトンはそこで自らの過去のなかの自分を廃棄しようとしていたのだろうか。そんな場所を私はいまでも見つけたいと思う。この広場の少しばかり曲線を帯びた三角形の形状や、木の茂った空間を二つに分けている裂け目を眺めていると、ブルトンは図らずも胸ぐらをつかまれたような気分になるのだと言っていた。

ブルトンはすでにナジャを見失っていたし、あの世が入り混じったこの世のまっただなかで、ナジャの言うことがもはや聞こえなくなったと告白めいた侮蔑的言辞を自らに対して吐いているが、それでも彼の里程標にはいつまでも「黎明」や「曙光」という文字が記されているのがはっきりと見えていたし、ブルトンはバリケードのなかに青々と生い茂る草をいかなる哀惜の念もなく眺めることができた。

ブルトンは書いている、

間違えようのないことだが、ドーフィーヌ広場のこれらの茂みの陰に描かれているのはパリの性器である。そのもじゃもじゃの陰毛は、一年に何度か、一三一三年三月十三日にそこで燃え尽きたテンプル騎士団の処刑によっていまなお燃え上がっている、しかもそれは町の革命的命運に大いに関わりがあったのだと考えたがる人たちがいる。たいていは放心の風がそこにあらゆる事柄の忘却を吹き込んでいるが、そこに儲けを見出せるものなどどれも血走った輩なのである。夜の帳が降りると、ヴェネツィア風ランプが、何世紀ものあいだここで待ち合わせをしにぶらっとやって来た何千もの人たちを、いかにもこっそりとではあるが、真昼のように明るく照らし出す。それならくるくる回る彼らの影は、この場所からとてもうまく身を支えると同時に、驚くほど確実でない様相に寄与しているのであろうか。

（「ポン・ヌフ」）

いまここで行き当たりばったりに訳出してみても、注意深く読まないならば、ブルトンのあまりにも詩的な観察眼の鋭さ以外に、取り立てて何かを言うほどのこともないじゃないかと思う人がいるかもしれない（ピエール・ド・マンディアルグは『野の鍵』のなかで最も美しい文章だと言っていた）。しかしその多くがシュルレアリスムの機関誌に発表されたこれらの散文、あの愛と闘争によって、時には周到なあまりに突然猛り狂ったようにも見えたあれらの散文から、最後は黒死病の猖獗で終わるヴィーナスのあぶくのように、シュルレアリストであろうがなかろうが、二十世紀の他の作家たちの手になる散文が次々に生まれ出て、両方の世界、両方の岸辺に架けられた崩れ落ちた橋の手前で、その過ぎ行く瓦解の過程を不機嫌に見つめた男の背後を覗き込むように、消えゆく世界の縁辺をあの指差す指でなぞったのである。たかが散文である。でもそれは、ランボーのそれとはまた少し違った意味で、時間をまたぐ里程標、人類が不承不承《ふしょうぶしょう》発見することになった最初で最高の「世界の散文」のひとつだったのだ。

私はブルトンへの借りを返していない。

（二〇一七年六月）

12　修羅の春――宮沢賢治

修羅にも春がある。春の訪れは厳冬に始まっていた。春が近づくと、くぐもった怒りはその場で青く発光するだろう。雨、雪、みぞれ。体のなかに放射される電気やコロイド。金色の交流電燈。光には底があり、少し澱がたまって、それが不気味にきらめく。向こうに見えるぼんやり明るい林、黒々と立つ厳格な木々、コバルト色の遠い尾根、ぎらぎらした丘、まぶしい梢を裂く風の神、空のうつろ、緑青に覆われた野、もっと巨大な影に隠れる地平線、砕けた玉髄でできたような雲。樹木の皮がむける。それがぱちぱちはぜる。それからでくのぼうのような電信柱。そいつは灰色に霞んだりまばゆかったりする気層のなかに所在なげにむりやり立っている。それから闇夜にまぎれてこっそり柳の花を取る。マッチを擦る。夜が明ければ、下界にもまた一つの場所が生まれたのがわかる。そして真昼の光のなかに舞い上がる無数の埃。数えきれない虚無の粒子……。

思いつくままに挙げたこれらのものはそれぞれの言葉の意味の側面や裏側をかすめ、詩集のページを突き抜けてしまう。それは向こう側で鉱物板のように凝固している。気がつくとページの表面には知らぬ間にいくつも穴が開いていて、その穴もまた透明な言葉でできているとしか思えない。こうしてページは未来派の絵のように、がたがた、でこぼこになる。気象の穴、心象風景の穴、空の穴、大地の穴、農業の穴、信仰の穴、詩の穴もある。なぜ穴が開くのか。教養ある賢治にはそもそも言葉への深い不信があったのではないか。我々が語る、社会的でしかない言葉への不信である。そのために彼には表現の形態を次々と変える必要があった。なさそうなのは、予想に反して、いわゆる「童話」的心情、ファンタジーだけであると私には思われる。子供たちの共同体はまだ遠い。小さな春の花々が咲けば、津波に襲われたイギリス海岸に出かけてみなければならない。しかも賢治を昏睡のなかに瞬時に連れ去る異邦のエキゾチズムは新生代沖積期のものである。それなら春はどのように訪れるのだろう。

いかりのにがさまた青さ
四月の気層のひかりの底を
唾《つばき》し　はぎしりゆききする
おれはひとりの修羅なのだ

これが宮沢賢治の春である。本人がそう明言している。彼は唾を吐きかける。彼は歯ぎしりする。賢治の日々の思いは戦いのさなかにある。熾烈な戦いだ。何が起こっているのか誰にもわからない。まさに修羅としか言いようがない。とにかく賢治は怒っている。理解されない悔しさは、その果ての怒りは、当然のことながら彼の綺想を生む。彼はそれを詩のなかに無造作に投げ込む。あるいはひそかに象嵌する。それを使って詩句を一生懸命削る。削られた詩句は彼を奇行に駆り立て、田舎の気狂いのように振舞わせる。

そうこうしているうちに妹が死んだ。自慢の妹であったのに、賢治は母と一緒に上京して看病するが、それも空しく「けふのうちにとほくへいつてしまふ」。彼女は喀血して死ぬだろう。「永訣の朝」は聡明だった妹トシが死んだ日に書かれた。妹の死は昨日の月明かりのように苦く、新月の闇空からぼたん雪が落ちて、それが溶け、賢治はとぎれとぎれに呪詛の言葉を撒き散らすことになる。

　しかし『春と修羅』の最初のいくつかの詩が書かれたのは妹の死より前である。「いつたいそいつはなんのざまだ／どういふことかわかつてゐるか」と賢治は書いた。修羅のなかでぶつぶつと言葉を発し、それでも春に憧れる賢治。いったいどんな春なのだ。誰にも気どられずまた柳の花をむしる。それは発した言葉がほとんど沈黙に近づくようなものだ。妹もこの世からいなくなるだろう。しかし詩人は修羅の春をすでにはっきりと体感していた。修羅の春の音ずれが軋むように彼のなかに巣食っていた。今でもどこにいようと彼は二つの耳で必死にそれを聴いている。それをご飯三合と一緒に食ったりした。それとも感電するみたいに春と交流できるように願えるだろうか。ところで私はいわゆる「童話」のなかにさえ賢治のやるせない憤激を感じてしまう。ましてや『春と修羅』においておや。「四方の夜の鬼神」をしかと見定めねばならない。鬼神はどんな顔をしているのか。

青白い骸骨星座のよあけがた
凍えた泥の乱反射をわたり
店さきにひとつ置かれた
提婆のかめをぬすんだもの
にはかにもその長く黒い脚をやめ

二つの耳に二つの手をあて
電線のオルゴールを聴く

私は想像する。提婆の甕を盗んだのは賢治自身である。龍樹の弟子だった提婆は空の思想家だったと言われるのだから、甕のなかはとうぜん空っぽだ。盗んでも盗んでも、甕は満ちることはなく、甕自体が消えてしまう。空相はこの世の基盤であるが、どうすればいいのか。通りすがりに盗むのか。提婆はその思想故に殺されたそうだが、この詩は慎ましく「ぬすびと」と題されている。したがって主眼は提婆ではなく、盗みに置かれている。泥棒だ。あたりかまわずかっぱらうのか。言葉を盗むようにか。自分を盗んだのか。それとも自分が盗まれたのか。そんな芸当をやりおおせたのはいったい誰だろう。何があって夜明けにうろついているのか。どうして店先の甕を盗んだのか。罪の意識、あるいはあれこれの罪を忘れる意識は、耳を塞ぐ。どちらでも同じようなものだ。両方の手で、しっかりと塞げばいい。それでも何かが聞こえてくることはわかっている。聞こえるのは電線の鳴る音だけかもしれないが、それを聞き届けなければならない。夜明けの薄明かりがつくる自分の影など消えてしまえ、と賢治は思ったに違いない。むしろ彼は電信柱になるほうがよかったのである。電信柱の影は動かないからだ。

だがここにもあそこにも「とほく」がある。何かを盗んでもどこにも行けはしないが、こごる怒りにも遠くがある。春の怒りにもそれがある。しかし銀河まで行くことができないように、この「遠く」に辿り着くことはできない。銀河に果てはあるのだろうか。怒りに果てはあるのだろうか。雲がどよんでいる。騒音が聞こえる。耳がうずく。泥沼の底は暗い。賢治はいつも「とほく」を見ている。それしかできないからだ。

とし子はまだまだこの世かいのからだを感じ
ねつやいたみをはなれたほのかなねむりのなかで
ここでみるようなゆめをみてゐたかもしれない
そしてわたくしはそれらのしづかな夢幻が
つぎのせかいへつゞくため
明るいいゝ匂のするものだつたことを
どんなにねがふかわからない

賢治は全身全霊で願った。怒りに震えながらも、それしかなすすべがなかった。賢治はもう一度遠くを見る。銀色のアトムがはぜた。栗鼠がいる。みぞれや雪が溶けてびちょびちょになった。泥まみれになった。俺みたいだ、と思ったに違いない。とし子が見ていた夢幻は時の経過しない夢だったのか。はじめからそうだったのか。時間のない頃の夢、と賢治が書いていたのを私は覚えている。そうでなければ、少年時代はあまりに苦い。賢治は絶えず次の世界へ入ってゆき、すでにそこにいるだろう。だけどほんとうにそこにいるのは誰なのか。この世にあっても、あの世に手を伸ばしても、彼には正視できるものなどなかった。それを耐え抜くためにどれほど青く激しい怒りが必要だったことか。祈りの裏面には怒りの文字がしるされている。そいつは偶然滲み出てくる。仕方がない。その逆もあるが、たいていの奴は嘘をついている。電気はいつもこんな風にショートする。短絡はすぐれた詩の十八番《おはこ》である。

だがこの願い、この祈りとは何だろう。「永訣の朝」の「(あめゆじゆとてちてけんじや)」という括弧に入れられた一行が思い出される。それは「(あめゆきみぞれとってきてくださいꎆ」なのか。そうではなく、西川徹郎「妹としの聲無き絶唱」で主張されるように、「あめゆじゆ」とは阿弥陀念仏、「アミターバ・アミユタス」のアミユタスのことなのか。「(あめゆじゆとてちてけんじや)」は、「(あめゆじゆとなえてけんじゃ)」、つまり「兄さん、どうかあの日のお念仏にたち帰ってください」であると西川氏は言うのである。『春と修羅』にはこの念仏が封棺されているのだ、と。死につつある妹は量りしれない光と量りしれない命を知った。あの日に唱えていた念仏読誦が今も続いている。大好きな兄さん、怒ってばかりいないで思い出して下さい、それが私の末期の言葉です。たしかに『春と修羅』所収の「有明」という詩にも「(波羅僧羯諦　菩提　薩婆訶)」という般若心経の一節が引用されていた。

東北の言葉も解さず、仏教思想にも明るくない私にここで即断を下すことはできない。しかし詩が結晶化し氷になって、あるいはそれが嘘みたいに溶けてしまうなら、語句はそのまま春先の念仏と化すかもしれない。呪文として我々の声を震わせるかもしれない。詩句が念仏であり、経文であり、呪文であってもおかしくない。そのようなことがある。そのように聞こえることがある。そうであれば、「あめゆきとってきてください」と、「あめゆじゆとなえてけんじゃ」つまり「兄さん、どうかあの日の念仏にたち帰ってください」は、そのまま同じ意味の底を示していいはずである。意味の底とは、そこからは引き返すことができない言葉の到達点、臨界点であり、ページにあいた穴のもっと先にあるものかもしれない。賢治が抱いた言葉への不信は、賢治の怒りをしてこれらの詩句を記させたが、自らを知らないままそのような不思議な幾何学的交流に裏打ちされていたはずである。だからこそ「あめゆきとってきてください」と「あめゆじゆとなえてけんじゃ」の意味の底は同じことを示しているように私には思えてくるのだ。

春がまだ遠くにあるとしても、法華経信者であった賢治の怒りの苦さはひとつの激しい祈りをともなっていた。春の怒りと祈り。これまたほとんど同じことだった。我々の生ぬるい言葉自体がどれほど冗漫にそれを拒絶したとしても、短気な賢治はそうであることをすでに知っていたのである。

（二〇二二年八月）

13　拝火落日——石川淳のことなど

「才気はしばしば精神の貧しさであり、それは気後れもなくきらきらするばかりである」

——カール・クラウス

例年より早い梅雨入り。こんなご時世、季節がまともにやってくることなど期待できない。あれもこれも狂う。烈日が待ち遠しい。

友人のK君が生田耕作と石川淳のことを並べて書いていたので、思いたって久しぶりに石川淳の本を手に取った。「敗荷落日」。以前読んだ印象ではそれなりに薄荷のような内容であったと思ったのだが、薄荷とは薄い荷風のことだったのか、何が書かれていたのか細かいところはまったく覚えていなかった。再読したらやはりずいぶん荷風に辛辣だったが、これは当時荷風のことをぼろくそに言っていた坂口安吾に援軍を得てのことだったのだろうか。石川淳は才気を感じさせるが才気煥発とまではゆかないし、文章の達人ではあるが、いくら博学でも随筆にはどれも人を別の場所に攫《さら》うか、沼の底に沈めてしまうような深みのある内容がないように思ったりもする。もちろんことさらに嫌悪しているわけではないが、どうも昔から石川淳が好きだと人に向かって放言する気になれない。無礼な物言いかもしれないが、もとより近親憎悪のたぐいなどでは決してないし、理由は自分でもしかとはわからない。ただ単なる蓼食う虫も好き好きで、こんな主観的意見は他人にとって何の意味もないだろうが、体《てい》よく見かけばかりの文章が心底からは好きになれないのである。

石川淳が言うように戦後老残の永井荷風はたしかに「精神の脱落」に甘んじていたが、だったら石川淳の日常はそんなに立派だったのか。ああ、立派だったのでしょう。戦後の石川淳は「精神」や「精神の運動」などと言うわりには、孤高の作家でありながら芥川賞の選考委員もやっていたようで、そのようなところがどうもイマイチしっくりこないし、孤高であったのに丸谷才一やさらには澁澤龍彦などにもずいぶんお追従されていたようだから、自分の胸に手を当てて行住《ぎょうじゅう》坐臥《ざが》のことわりを思ってみても、石川淳は本人が言うほど「精神」とかいうものに関してそんなに凄い人ではなかったのではないかとつい愚考してしまう。ついでに言ってしまえば、石川淳について澁澤龍彦が『偏愛的作家論』のなかで何をどう誉めていたのかもう覚えていないし、暇がないから読み返す気になれないが、若い頃私は澁澤ジェネレーションであったし、きっぷのいい彼の人となりは好きでずいぶん本も読んだ。しかし初期澁澤のかつての文学史的「発見」の多くは結局のところすでにアンドレ・ブルトンの発見によるものじゃないかと思っていたし、文学も美術もエッセイの結論はたいていい俗流フロイト主義で終わるのがつまらなかった。

石川淳の言う「精神」はポール・ヴァレリー由来なのだろうが、巷でもいまだにあらゆる方面で「精神、精神……」と空耳のようによく耳にはするけれど、しかし精神がどうたらなどということは人に向かって口にすることではないし、そう言っている本人も何のことだかわかっていないのだろうが、ここは日本なのだからたいていは、ああ、またぞろ武士道のことを聞かされているのかと胡散《うさん》臭く思うだけで、こんな言説は実体もなく得体が知れない。つまりここで思いつきを述べるなら二元論から一元論へ移行するようにして身体とのセットで精神の働きや在所を考えてみるか、それとも要するに、ともあれ精神を身体的に思考しない限り、精神などというものは哲学的にどうにもならないし、卑近なところでは危機を前にしても無能で無責任な日本政府の発言がいつもどれも幼稚な精神論であることからわかるように、周知のとおり精神についてのどんな議論も全部おおむね内容がないのである。

石川淳は坂口安吾がある時期日常的にとりつかれていた被害妄想のことを、少しだけ怒ったり諭したりする風に、大真面目にそれでいてエピソード風を装い竹久夢二の描く女性の大きな目になぞらえたりしながらさもたいそうな感じで書いているが、この夢二の絵云々にしてからが安吾の目が大きかっただけで何だか的外れでよくわからないし、おまけに安吾が覚醒剤常用者であったばかりか正反対のクスリであるアドルムもやっていて両刀遣いの薬物中毒であり、安吾の鬱病がほんとうだったとして、その医学的真相はついに私にわからないにしても、不逞の輩が庭に忍び入ったり四六時中彼をつけ回す不気味な黒い影が警察にも通じていると安吾の言い張るあれらの妄想だが、こちらのほうは典型的なクスリの後遺症に違いないことに石川淳は思い至らなかったのだろうか。はたまたそんなはずはあろうはずもないのだから、隣のお嬢さんのように憂い顔もよそよそしく友人としては自分を気詰まりにさせるこの種の話題には触れずにシカトしたのだろうか。もしそうだとすれば、安吾の「妄想」について述べるのであるなら、石川淳に似つかわしくなく批評としてはお子様ランチである。

石川淳は戦後の荷風が小市民だったと言っているがたしかにそのとおりであるし、ついでに言えばジャーナリスティックな意味ではほんとうに文壇を拒否する「孤高の文人」であり荷風を尊敬していた生田耕作だって小市民だったと、若い頃直近の書生のようなことをやりながら最後は破門同然だった私はあえてそのようなことをここではじめて言う気になったが、蛇足ながら石川淳ご自身はきっと我々のような小市民ではなかったのだろう。石川は安吾について「あいつはいかなる読者をもみな俗物にしてしまう魔法をこころえていた」と書いているが、これはいい意味で言っているとして、石川淳が読者を俗物にしてしまうことなど絶えてなかったのか、それともそもそも石川淳の読者にわかりやすい俗物はいなかったのだろうか、たとえ石川の読者全員がアナーキストもどきであったとしてもである。これはお察しのとおり私は悪い意味で言ったのである。アナーキストを私は尊敬しているが、これは文学の話なのだから、言うところの俗物的読者として彼らモドキにまこと文学書が読めたのかどうか。それればかりかこのようなことを平然と言ってのける石川淳こそが己れを知らぬ俗物だったのではないかとしか私には思えないのである。「焼け跡のイエス」？　石川も激賞する安吾の小説「白痴」のように焼け跡のマリアのほうがそれなりに喫緊であって同時に永劫の話題だと戦後生まれの私としても思ったりしていたが、これは馬鹿の考え休むに似たりで、なるほどいい小説ですねえ、でも安吾の「白痴」と比べると……。私にはそう言うことしかできない。

しかしである。たかが小説であるとはいえ、石川淳が名うての作家であることを私といえどもわかっているのだからやっぱりここであえて苦言を呈したくなる。同じく世間では名作の誉れ高いらしい「処女懐胎」の冒頭が江戸前であればこちらのほうは終戦直後の新時代を髣髴させるあの流れるような前半の名人芸のような文章を読まされて最初は軽い酩酊気分を読者が味わったとしても、しかし主人公である頭部がデキモノだらけでウミをたらしシラミがたかり悪臭を放つかっぱらいの浮浪児が戦後の闇市の空気を切り裂く純粋性であり、打ちひしがれ路頭に迷った人々の混沌のなかにあって神々しさまで感じさせる存在であることはなるほど察しがつくし、それが終戦直後の日本社会の坩堝のなかであるかなきかの希望を象徴していたのだとしても、しかしそのような観点さえもよくよく考えれば凡庸であってどこかで聞いた風であることをまぬがれないし、おまけに小説の後半に移るなら、取っ組み合いの最中になぜこの少年が語り手に対して救いをもたらすのか、どうしてこの少年が語り手にとって焼け跡のイエスであるのかいまだに私にはまったくわからない。この場合、逆にイエスのほうがこの浮浪児のように民衆暴動の機運高まるパレスチナの地にあってガリラヤへやって来た浮浪者あるいはやさぐれメシアであったということを描いたのではなく、それならずっと面白いと思ったであろうが、石川の言いたいイエス像は新約聖書の教条的イエスそのままであって、しかも文学的にもありきたりであり、そこにはなんの発見も独創もないと私には思われる。第一なぜイエス・キリストなのかさっぱりわからない。このイエス像には何の工夫もなされていないし、闇市のかっぱらいの浮浪児とイエスを道徳的に正反対の一致として適当にくっつけたとしか思われなかった。「処女懐胎」のほうはさらにひどくて父親が定かでない妊娠の話であるのが最後にわかるということだけなのにどうしてこのようなタイトルなのか、まさかフランスの作家ボリス・ヴィアンのように内容とはまったく無関係なタイトルをわざとつけたのではあるまいし、とってつけたようにここにもまた救い主イエスが登場するのだが、私にとってこの小説は「焼け跡のイエス」よりさらに通俗小説でしかなかった。例えば坂口安吾は少なくとも小説に関して自分を裏切ることがなかったし裏切ることができなかったが、才気走った石川淳の小説の文章はその才覚とその学識故にたしかに小気味よいし、何の滞りもなく、一見屈託がないように見えはするが、小説の論理に関してはそうではなく、じつは大いに小賢しく計算がなされているのがありありとわかるし、小説の文章技巧において石川淳の大先輩格であると思われる別格的に天才的であった泉鏡花などと比べるならば、石川淳のどの文章もどこかケレン味が濃厚でハッタリ臭いのである。一度読者が身構えたら、すでに書いてしまった当の作者になすすべはないのであるが、それは作家の側の責任であるし、願わくば言うところのハッタリにせめて少しばかりの真実があればと思ってしまうが、小説の読後感が変化することはついぞなかった。

最近これまた読み返していたところなのであえて述べておきたいと思うのだが、天職としての作家というものがあるとすれば、そして天職なるものが偶然と必然においてほとんど神がかり的境遇を意味するものであるとすれば、その描写において、その筆勢において、その生き方において、いわんやその作家の成り立ちとその態度において、どんな現代作家にもまったく真似することがかなわぬ、つまりすでに表現の次元において他の追随を許さぬ世紀の傑作『苦海浄土』三部作を書いた石牟礼道子のような作家がいたことを思うにつけ、失礼ながら石川先生を含めてあまたの気難しい作家先生たちを筆頭に、みなさん作家とは名ばかりでやはり単に世渡りがうまいかもしくはほんの少しだけすれっからしのたかが哀れな売文業者にすぎないではないかと思ってしまう。

それに比べてわざわざ精神などと宣《のたま》う必要を感じないかそんな見えすいた大言壮語などてんから問題にしないジャン・ジュネのように性根が腐って汚れ切った作家、しかも文章表現も書かれた内容も半端でない第一級の作家というものがいるならばそのほうが読むに値するだろうが、現代の日本にも外国にもどこを見渡そうとそのような奇跡的な人はいない。文学のことなどどうでもいいのだからそれでいいのだと主張する向きもあるだろうが、精神とか言われるものを懐に文章を書く作家の仕事のことであれば、ひとの一生はその人の一生でございと言って済まされないところがあるのだ。自分のことを棚に上げるのは卑怯なので最後に言っておけば、私はおおよそ売文にすらならない物書きであるだろうが、勝手に落胆しようがしまいが、私とて虚仮《こけ》の一心、自分はしゃかりきになったり、はたまた何とか息も絶え絶えにひたすら書き続けているつもりでも、悲しいかなそんなものは風の便りがたまたま舞い込んだにすぎず、吹けば飛ぶようなただの反故《ほご》でしかないと思うときがある。風は立ったまま眠っているし、風に吹かれた我々は門の前で中に入れずただ呆然とするばかりである。

（二〇二一年六月）

14　慙服は我にありや――大泉黒石

文壇を追放されかかっていた頃、「国際的の居候」である作家大泉黒石が世に問うた『人間廃業』の冒頭にはこうある。この本は評判を取った初期の作品『俺の自叙伝』を全編改題した『人間開業』と同年に刊行された。

「慙服《ざんぷく》」という文句がある。「北史李賢伝」の中にある。恐れ入って赤面することだそうだ。そこで今に偉くなってお目にかけますから見ておいでなさいと、親の前で見栄を切ったが、一向偉くならんので慙服して坊主になったのが聖オウガスチンだそうだ。今度の戦いには拙者、はなばなしく討死つかまつり、家門のほまれを後の世の語り草に致すでござろう、と親のまえでは立派な覚悟のほどを見せて置きながら、戦場へ出ると何時も生き長らえて退却するので、親に愛想をつかされて慙服のあまり、腹を切ったというのが山名氏清の悴だ。

大泉黒石は坊主にもならなかったし、切腹もしなかった。しかし忘れ去られた感のある作家大泉黒石の波乱万丈の生涯は、愚鈍な私小説や自然主義小説、あるいはその凡庸な作者たちと比べても小説以上の何たるかであったのだから、黒石の伝記的事実を本書の年表にしたがってぜひとも簡単に列挙しておきたいと思う。この際、作家の人生か、はたまた書かれたテクスト、どちらが重要か、どちらかを選択しなければならないなどとは言ってはおられないのである。私はその点で我々にはかつて馴染みであった近代文学批評の流儀を無視する。なぜなら当時の差別的な社会と拙劣な文学環境に身を置いたこの「異人風」の作家の生涯は、おのずと我々に多くの事柄を物語っているのであるし、歴史をかえりみない現在の我々の社会の根幹とさらに悪化の一途をたどる文学環境は、何ひとつ変わっていないからである。『大泉黒石　わが故郷は世界文学』（岩波書店）の著者四方田犬彦は現在ではもう読むことができない忘れられた黒石の作品をほぼあらかた通読し、極めて克明にその足跡を掘り起こしているのだが、おおいに情熱をもって書かれたこの力作は、以上の意味でもまた、きわめて切迫して現代的なのである。

驚愕すべき年表である。

一八九三年（明治二十六年）、長崎に生まれる。父は、ロシア人外交官アレクサンドル・ステパノヴィチ・ワホーヴィチ、母は旧士族の下関税関長の娘であったが、母とは早くに死別。戸籍名は大泉清、ロシア名はアレクサンドル・ステパノヴィチ・キヨスキーと名乗る。清は母方の祖母に引き取られる。十歳のとき父の勤務するロシア領事館のある漢口へ渡るが、父はまもなく死去。父方の叔母に連れられロシアへ向かい、小学校に入学。一九〇三年ごろ、父の故郷でトルストイと出会い、生涯にわたる影響を受ける。日露戦争後、フランスに移り、リセに在学。素行不良のためリセを退学処分。スイス、イタリアを経て帰国。長崎の中学を卒業後、社会主義に関心を抱く。二十二歳のとき、モスクワへ戻り、高校に通う。二月革命勃発、ペトログラードで虐殺と強奪を目撃し、身の危険を感じて帰国。旧制第三高等学校（現在の京都大学）の学生となり、在学中、幼馴染の福原美代と結婚（四男五女を得る）。学費が払えず、三高を退学。東京に移り、旧制第一高等学校（現在の東大）に在籍するも、父の遺産が尽き退学。ロシア文学を研究し『トルストイ研究』に寄稿。筆名は大泉黒石。シベリア出兵。帰国後、ロシア・ジャーナリストとして活躍。ロシア物、『私の自叙伝』、怪奇短編、長崎物、『俺の自叙伝』などを続々と発表。作家としての評判が高まるが、すでに文壇作家久米正雄らに警戒される。長編小説『老子』が伏字だらけのままたちまちベストセラーになる。同じく文壇作家村松梢風、田中貢太郎らが黒石の誹謗中傷を始め、黒石は嘘つきでロシア語ができないなどという虚偽の風評を立てられる。俳優志望で日活向島撮影所に入社するも、脚本顧問となる。怪奇推理小説「血と霊」がデビュー間もない溝口健二によって映画化。しかし関東大震災もあり、この表現主義的な前衛作は評判にもならず挫折。その後、短編小説などを盛んに書き継ぐが、頼みの綱であった『中央公論』への寄稿も次第に困難となり、国粋主義者や混血児排斥論者たちの風当たりが強くなる時節、ますます文壇から敬遠される。三十五歳ごろ、一般雑誌への寄稿がほとんどなくなり、生活は困窮する。今までの傾向から離れ、渓谷歩きや山の本をいくつか出版（このような本にも老子の思想が偲ばれる）。四十八歳のとき、長編『おらんださん』を刊行し、小説家として復帰。四十九歳、美代と離婚。菊池某なる女性と同棲。戦時中は阿片戦争物などを書くが、筆名は本名の大泉清。アナーキスト作家大泉黒石としては自作を恥じたのかもしれない。敗戦後、進駐軍通訳官の職を得る。仕事の余録としてコーヒー、ウィスキーなど多くの進駐軍物資を得て、それを横流ししたりする。ご時世柄、いわゆるオンリーのための英文の恋文代筆などもやり、糊口をしのぐ。しばらく元妻美代宅に居候。昭和三十二年、六十四歳で横須賀にて脳溢血により逝去。

あまりにスケールのでかいコスモポリタンであった大泉黒石は文壇から嘘つき呼ばわりされた。何しろ後に日本文学報国会事務局長となる久米正雄や日本の侵略戦争を賛美する「支那通」の村松梢風たちである。これらの権力的文学者たちは言うまでもなく読むに値しないクズであると私は考えているが、その結果、最後には出版社という出版社から黒石は締め出されることになる。著者四方田犬彦は夢野久作と黒石を比較しているが、夢野久作という名前にしてからが「ありえぬ綺想を平然と口にして周囲から馬鹿にされる痴れ者」という意味であるらしい。いや、彼らは単なる「嘘つき」ではなかった。黒石の文学者としての虚言への、あるいは言うところの虚言家への非難のほうこそが、ほとんど児戯に等しいそれこそ「虚言」すれすれのものだったと思われるが、それを四方田は柳田國男とオスカー・ワイルドを挙げながら文学や説話における「嘘」について論破している。現在もこの陳腐な批判的傾向はSNS上などで毎日目にすることができるし、それ自体大きな「嘘」に基づいていて、しかもそれに紛れて一体となっているように思われるのだが、そもそも黒石を批判し、悪口を流布した私小説派が「真実」あるいは「真理」を表現していたなどといったい誰が考えるだろうか。「嘘」と「真実」が作家のエクリチュールにあって矛盾しないというか、同時に並列されることは当たり前の話である。「事実」しか書けなかったのであればただのヘボ作家のお仕事であるが、私小説家たちはそんなことさえ知らなかったのだろうか。彼らは文壇における多数派であったが、多数派はつねに間違っている。一方的な馬鹿げた讒言《ざんげん》の余波が黒石の身に実際にまともに降りかかったのだが、このようなことが起きること自体、日本の文学環境はあまりにお粗末としか言いようがないし、恥ずべきことである。しかしここには一般的に言って「差別」というものの本質が隠れていると言える。

黒石の相貌はまさに外国人のそれであった。彼はそのことによって作家になる前からひどい差別と多くのいじめを受けてきた。四方田はその点で市井のフランス文学者だった平野威馬雄を挙げているが、彼らはともに外見的に「あいのこ」である（麻薬中毒だった平野は後に立ち直り、旺盛な社会活動に邁進し活躍するが、対照的に社会に背を向けた黒石は晩年アルコールに耽溺し、尾羽うち枯らした）。しかもあのような早い時代に黒石はトルストイの知己を得ている。トルストイの名声はすでに世界に轟いていた。何と、どこかの外国の不良少年があのアナーキストの文豪と現地で親しくその謦咳に接したのだ！　嘘かまことか、おまけにそのエピソードや真情まで披瀝して。日本人離れしているとはこのことだろう。黒石はロシア語、ドイツ語、フランス語、英語など数カ国の外国語を操ることのできるポリグロット（多言語使用者）であった。黒石は精力的に仕事をしたロシア文学者であり、ゴーリキーを愛し翻訳し、他とは一味も二味も違う「研究」をしたためているが、市井の混血外国文学者をアカデミックな日本のロシア「文学界」なるものが認めるはずがなかったことは明らかである。私は外国文学紹介におけるこの点も特筆しておきたい。しかし外国文学からの影響、とりわけトルストイと老子の影響は黒石の書くものに如実に現れている。アナーキストであるか、虚無思想家であるか、いずれにしても黒石の文章は自由自在である。しかも黒石がどのようにも書くことができる、舌を巻くような「うまい」作家であったことに変わりはない。私小説家たちなど足元にも及ぶべくもないことは言うを俟たない。ロシアや世界文学の該博な知識、抱腹絶倒の自伝的逸脱、実験的饒舌、バロック的怪奇、老子的虚無思想、無為自然的脱線、下層民や被差別民への共感と同化、浮世を離れた自然の景観や草花への愛着、日本で生息する外国人やキリシタンの知られざる生活模様と心情、黒石は何でもござれだった。たいした作品も書けない、名ばかりのあれらの情けない文壇のお歴々たちに、自分の立場を脅かされるかもしれないという根拠を欠いたさもしい危機感や、幼稚であからさまな嫉妬があったであろうことは想像に難くない。

大泉黒石の後半生は、評判の作家だった時期があるだけに寂しいものだったに違いない。激しやすく知的好奇心旺盛なだけでなくストイックなところもあったと思われる黒石は、ずいぶん前にこんなことをすでに書いていた、「俺がどんな芝居を打つか見物していりゃ沢山だ。俺は、俺が呻きながら血眼になって藻掻きながらやっている姿を、他人のように見物している」。一九四四年には畏友であった辻潤もシラミにまみれて餓死してしまう。敏腕編集者の誉れ高かった滝田樗陰の推挙によってかつて『中央公論』に自伝を発表し評判を得た黒石だったが、文壇内外の誹謗中傷によってこの雑誌への寄稿もままなくなり、滝田がいなくなり、最後には文筆家としての仕事も成り立たなくなる。すでに軍国主義時代は自由思想をいっさい認めない物騒なものになっていた。久々に長編『おらんださん』を上梓した黒石はさらに数冊の本を書いているが、そのなかで『草の味』と『ひな鷲わか鷲』は大泉黒石ではなく、本名の大泉清名義になっている。生活のために書かれたとおぼしいこの二冊のうち、生涯最後の書物となる『ひな鷲わか鷲』は文字どおり戦時の少年航空兵、予科練の少年たちを描いた本であった。このタイトルにしてからが、当時の国粋メディアが頻繁に使っていた常套語である。黒石は、四方田が言うように、『俺の自叙伝』、『老子』、『人間廃業』の著者大泉黒石として、これらの本を自分の作品に連ねたくなかったのであろうし、私もまたフランスの作家ルイ゠フェルディナン・セリーヌの晩年を少しばかり思わずにはいられなかった。黒石はセリーヌのように財産を没収され売国奴の汚名を着せられ暴徒に襲われることはなかったが、久米正雄や村松梢風のように戦後に何の責任も取らなかった国粋文学者ではない。あらゆるナショナリズムを嫌悪し退けた黒石の名誉のためにここでそう言い添えておきたい。

本書は最後のほうにこんな俳句を引用している。

嫌はれて花になりけり野芹哉

私はこの句を読んで、芭蕉の弟子だった八十村路通の句を思い出した。乞食でありビート詩人であった路通は芭蕉に気に入られたが、蕉門の弟子たちにうとまれ、いじめられ、排斥された。日本の文学界は昔からこんなことばかりやっているのである。

私事になるが、子供の頃からコメディアン大泉滉が大好きだった。大泉滉は黒石の実子である。父黒石もまた映画に関わり、俳優になろうとした時期があったが、大泉滉は本当の人気俳優となった。父が何かをしてくれたわけではない。私はペーソス溢れる破天荒な演技、その佇まいや人柄、そして何よりも彼の「顔」が好きだった。父親の大泉黒石にそっくりだったのである。

（二〇二三年八月）

15　ジャコメッティ——ジャン・ジュネの頁の余白に

あまりに生が蓄積されたので、もう生きるべき時間は片時も残されていなかった、ともう一人の男は言う。立像はそこに立っている。仕草が失われたのは死を知ってしまったからなのか。他方には、でためらめに生きた私の時間がある。私の時間はそれなりの威厳とささやかな快楽の記憶を捨てて霧散するだろう。ここで立像は静まりかえっている。立像の前で私は丸裸にされる。私が鍵のかかっていないアトリエに忍び込んだつもりでいるからだろうか、立像はさっきまで床から数センチ浮き上がり、埃をかぶったまま歩きまわっていたはずだ。だが立像はもう動かない。たとえそこへ行ったことがなくても、私には見える。私が過ごす時間のなかでは微動だにしない彼たち、いや、むしろ彼女たちはそれでも生きていた証しを雛を孵《かえ》すように温めていたのだろうか。卵はどんな時間のなかにあったのか。時はゆっくり経過したはずだった。一瞬が過ぎる。また一瞬が。あの一瞬をとらえたと思った。錯覚は無数にある。出来事は起きたのか。この出来事は時間からはみ出てしまう。それは「芸術作品の知覚」そのものになることだったのか。「芸術作品の知覚」そのものにとってさえ限界は遠くにある。そこへ行き着くことすらできない。

デッサンを見る。画用紙やナプキンの表面に時間は傷をつけた。それは知らずに自分の表面をいつまでも擦過することだったのかもしれない。柔肌を愛撫でもするように……。いや、そうではない。余白に、顔に、体に、傷をつける。生きるべきであった時間に傷をつける。傷はついてはいるが、傷をつけた覚えはあるのか。画家の手によってなのか（画家と呼ぼうが彫刻家と呼ぼうがどちらでもいい）。背景に画家の姿はなかったはずなのだが、彼は扉を開けたままで仕事を中断し、さっきまでひっきりなしに煙草を吸っていた。石膏の粉だらけの服に煙草の焼け焦げの穴があいている。新しい仕草はすぐさま消えてしまうだろう。私は悔恨にさいなまれる。思い出したように窓から一条の光が射し込む。灰色の埃が舞い上がる。光の束のなかに目には見えない極微の自動人形がいるのがわかる。実態は埃なのだが、これらの人形は死の化身だったのではないかという気がしてくる。そいつがふわふわと漂っている。これらの動かない彫刻は舞踏を予感させるが、それは自動人形の対極にある。埃ごと目ざわりな光線を払いのける。彫刻をハンマーで壊しはしないが、自動人形を壊しても同じことなのだ。だけど私のこの後悔はどこから来るのか。何をやっても、あそこまでは行くことができなかったではないか。それでもあの到達点がぼんやり見えている。そこからは引き返せないあの一点。埃、藁クズ、針金、細い紐、石膏の粉、粘土、雑巾が落ちている。誰も拾おうとはしない。拾ってはならない。

描写の内側に傷がつけられる。デッサンの内部には別のデッサンが生じてしまう。日が翳りはじめた。アトリエはさらに薄暗く暗がりに沈んでいる。孤独には重さがあり、実在する何かだ、と画家は言う。この孤独はどこにでも見つかる。すぐに気づかれはしないにしても、よく見ると色々な物が存在するように孤独の塊はあちこちに実在している。ところでこの孤独の重さは重さがないこととかろうじて釣り合わない。ここでは雑巾にも固有の重さがある。こうして立像は空間のなかにあるのではなく、そこに置かれるなら、それ自体が空間と見分けがつかなくなる。立像だけがそのことを知っている。この過剰な沈黙。彫刻家は絶えず削っている。彼の引き算はたしかに過剰なものを含んでいた。それでもあらゆる物は独りっきりだ。それがその場で沈黙を生じさせる。不動のままの影像に重なるようにして、不気味な影がよぎることがあるかもしれない。石膏はいつか崩れるだろう。画家はじっと見ている。何を見ているのだろう。在るものがある。いや、在るものがあったのだ。彼の目のなかで、残像のなかで、それはすでに測られていた。在るものとの隔たりは延びたり縮んだりする。背が延びる。背が縮む。素晴らしいことではないか。在るものは「形而上学的な誤り」そのものではないが、たしかにそれに似ているようにも思う。在るものはいつ頃からあったのだろう。私は思う、故に私は実在することをそのつど反故《ほご》にしてしまった。実在を含んだ、ここにある錯綜したどの面も同じ面でしかない。我々もそこにいるこの面の上では、彼の描写によってさえも在るものに触れることはできない。擦過しても、触っても、粘土をこねても、重ねても、削っても、いや、実存しても、所有はできない。在るものは誰のものでもない。

　あるいはドローイング。画布の上には灰色、薔薇色、黒、緑色や黄色が見える。でも色彩は欠ける一方だ。そいつはいつも足りない。それにしても本来の色とは言えないかもしれない。色彩はここでは創造された唯一のものだ。描かれた画布は見ている者にとって、彼が位置を変えるならどんどん立体感を増していくのか。いや、それはむしろくぼみであり、くぼみを露《あらわ》にするものであり、いわゆる立体感とは言えないかもしれない。遠近法はひとつの錯覚なのだろう。デッサンであれば、紙がえぐられる。鉛筆で穴があく。だからこそ通常の素描とは異なり、こんな風に色彩は空間の実質となった。だが画布に近づいてみると、乱暴に塗りたくられたそれは虚無の上澄みのようにやけくその果てにあるか、むしろ頼りなげに見えるではないか。色彩は空間のあちら側を示していて、あるいは未生の空間の縁《へり》であり、それはすべてが消滅する前提となる。私は絵の反対側に出てしまうだろう。ジャコメッティの絵は私にそれを強いるのだ。

連続する線は生命へといたる何かを表しているのだろうか。連続はいつか途切れるし、線を照らす光は後ろ側からではなく前から射している。光は線を妨害するらしいし、第一、線は反射することしかできない。それでも一方には光があるし、光があった。映画館から出ると、夜の表通りで雨は上がったばかりだった。その千夜一夜の美についてかつてジャコメッティは語っていた。夜であっても光の経験がある。昼であれば、それが振動しはじめるか爆発するかのようにハレーションを起こすだろう。その瞬間を私は知りたいと思っていた。だがこの画家ですらそれを画布に定着させることはできなかった。修正できるものはなかったのに、画家は線を修正するしかなかったように見える。そんなことを考えながら私は落ち着かなくなる。それにしても非常に硬くて、厳しい線だ。だからこそすべてが鋭く、神経質に振動する。だが線自体振動するというより、むしろ同一平面の同じところを微妙にずれていく。反復された線は逃げていくが、そのかわりに少しずつ余白のなかから姿を顕すのは人の顔だ。目だ。絵のなかで今度は線は連続している。そうであれば、あるいは曲線によって事物は実在しはじめるのか。ここではじめて実在は像が獲得したものとなる。画家は孤立した物に対するように愛情に溢れていたが、しかし隔たりのなかで対象へと向かうとき、感情はない。むしろそこにいて、どうしようもなく実存している自分へのくぐもった怒りがかろうじて感じられるだけだ。たいてい彼はうんざりしている。しかし彼は人に対しても物に対しても侮蔑的な眼差しを向けたことがあるとは思えない、ともう一人の男はきっぱり断言する。だから人も物も価値ある孤独のなかに現れるのだ、と。そして何かが、要するに差異が廃棄され、画家は孤独の力を集める仕事に取りかかる。画家のこんな優しさと頑固な徹底と集中がこんな風に力を凝集させたのかもしれない。私は再び画布と画用紙に目を落とす。

面ではまた別のことが起きている。白が存在する。それはわかっている。白紙には何かが描かれようとしていたのか。そうともかぎらない。白はまばゆく、白のままである。白は小さなものであっても世界の裏面と深さを予想させる。もしかしたらそこに光の予兆があったかもしれない。余白はどこから生じるのだろう。どこから浮かび上がるのだろう。何を隠しているのか。いや、そこには何もないことがわかっている。私もまた心のなかの空白を探り当てる。いつものように。そして途方に暮れる。だがかつて生命は卵みたいに充溢し充満していたはずだった。顔のなかで、彫像のなかで、彼が触れようとする、彼にまつわるあらゆるところで。だが生きるべき時間、それを偶然が切り裂いたのだ。過剰な生命だった。生命は生命自体を逸脱する。夜になれば彫像は歩み出ることがあったのか。彫刻家は彫像を埋葬したり隠したりする、ともう一人の男は言っていた。過ぎ去ったもののなかにも同一性の問題がある。そこを不意に永遠らしきものがかすめた。それはほとんど秘密の光景だった。見届けたのはもう一人の男だけだ。それはまぎれもなく画家ともう一人の男、たった二人だけの間に起きたことだった。

私は煙草の火を消す。もう一度立像を見まわしてみる。埃だらけのアトリエは静まり返ったままだ。女たちのブロンズ像のまわりではあらゆるものが不確かになる。それが不安を呼び起こすのは、これらの立像にはもう精神的などんな付け足しもないからだ。ブロンズ像は激しい生命を秘めている。このアトリエで死につつある彫刻家の指は薔薇を剪定する庭師の指のようだ、ともう一人の男は言った。そんな指で彫刻が仕上げられるとすれば、彫刻家と彫像の間に我々生きている者たちを遠ざける秘密が生じ、彫像が置かれたアトリエの空気はだからこそ不穏の極みに達するだろう。そのとき女神が顕れる。生者ではなく死者たちを魅了する彫像、もう一人の男はそうも言っていた。この言葉には深い意味があるし、なるほどある射程がある。死者たちはほんの少し向こうにいるからだ。死者たちはとにかく過去のなかでまだ生きていて、その意味で今現在、目の前に現存していることがわかるからだ。彫像たちがそこにあること、たったそれだけで、これを明らかにしてしまったことを我々は驚きとともに知っている。生命に溢れたままでいるために、彫像たちは死んでいることからこれほどかけ離れているというのに、だからそれはたぶん死に向かって捧げられていた。我々にとって、死が迫れば迫るだけ確実であるとは思えなくなる死に。向こうに死者たちがいるのが見える。私はアトリエの扉を閉める。木の階段を降りる。裏庭には薔薇の花が咲いて、表通りに人影はない。

（二〇二二年四月）

16　石は何を叫ぶのか——エゴン・シーレ

「ウィーンは現代の大都市としていま解体されつつある。（……）我々の文学はもう屋根をもたないだろうし、詩的生産の糸は残酷に断ち切られるだろう」
——カール・クラウス

叫びは対象となった。フランシス・ベーコンのように「叫びを描く」ということがある。叫んでいる人物はもう一度、あるいは絶え間なく、あるいは叫びを芽吹くようにして口を開けているのだが、しかし聞こえたとたんに何を叫んでいるのかよくわからない。叫んでいるという「状態」さえも、次の瞬間には不問に付してしまう。それなら、ドゥルーズが言うように、このような絵画にあって、人は死に対して叫んでいるのだろうか。私は今それに即答することができないとはいえ、絵画は「叫び」を描くことができるらしい。叫びは目に見えることがあるのだ。これはきわめて二十世紀的な絵画芸術の発見である。

絵画は叫びに襲われ、それから固定される。そして叫びそのものによって、叫びがはらんでいたかもしれないのっぴきならない意味や内容は抹消される。叫びが予感した「遠く」というものがあるのであれば、怒りも喜びも悲しみも瞬時に遠ざかり、叫びだけが残される。音は聞こえているかもしれない。でも音楽ではない。恐怖でもない。人が待ち望んでいる魂の叫びというものが私には何なのかよくわからないし、そもそも叫びには実体がない。絵画の叫びは感情ではなく、感情の向こう側にあるものだ。それが聞こえる。叫びは叫びの残響である。ここでもまだそれが耳のなかに残存している。

だがエゴン・シーレの場合は「叫びを描く」ということではないらしい。若さとその奔放によって彼がいかに普通の青年のように苦しんで絵を描いたとしても、そして何かを叫びたかったのだとしても、私にはシーレの絵のなかですべての叫びは石化しているように思われる。それが感覚の暴力のひとつであるにしても、叫びの暴力性が石化するのだ。たしかに画家が目指した精神的な事柄はタブローの上で何かに行き着いたことがあったかもしれない。だが唯一のものに行き着いた画家であるからこそ、彼にはいつも別の時代がふさわしかった。しかし石はまるで偶然のようにどこからか落ちてきて、画家の身体を知らぬ間に硬直させた。石は沈黙と狂気が一瞬終わるときに顕れる純粋で枯渇したいわばエネルギーのようなものであり、そしてそのことによって絵画のなかに出現しかけたまだ目には見えない形態が石化する。もちろん何かしら鉱物の気配もする。だがロジェ・カイヨワが言うような「石のエクリチュール」ではない。「石が書く」のではなく、「石になる」のだ。

この石化、岩石化はドイツ表現主義的なものなのか。形態の発生後を観察すれば、たしかにシーレの絵は岩のように「傾いて」いるし、ごつごつ、でこぼこしている。表現主義が行ったある種の幾何学的操作のように、一歩一歩上っていたはずの世界の階段自体がすでに歪んで傾いているからだ。それを敏感に感じとる必要があった。だがエゴン・シーレの絵画は同じウィーンの表現主義画家アルフレート・クービンのような絵画ともまったく違う。シーレにはクービンのような象徴主義が欠落しているし、ココシュカのような禍々しさや不気味さはない。若いシーレにとってウィーン分離派の動きはとても気になる重要なものだったであろうが、最初にクリムトの影響を受けたとはいえ、シーレはクリムトではない。クリムトのほうがずっと猥褻である。

たしかに絵画には懐かしい主題がある。言うまでもなく、若いシーレには、純粋な絵画制作、女性、戦争、画家としてのキャリア、日々の生活、金銭、疫病（梅毒、スペイン風邪）、等々、誰もが経験するともいえる苦しみがあったが、それを見てきたような画家の歴史としてほじくり出してみても私にとって何も始まらない。それに私は通常の美術史的通史に興味を抱くことができない。絵を前にして私はひとりのアマチュアである。しかもシーレの場合もそうだったように（私にはそう思われる）、非凡な画家のまわりにくだらない連中が集まってくるのは、どこであれ、いつであれ、不文律である。青春は未来の黒い太陽のように輝くだろう。表現主義どころではない。チューリッヒとパリでダダイストたちによる破壊が始まるのは間もなくである。

その前に、たしかにウィーンの「精神的危機」があった。そして戦争の世紀である二十世紀が幕を開けた。ウィーンは深い夜につつまれる。黒ずんだ空。大地をかすかに照らす明るみを画家の目は見つけたのだろうか。それとも腐敗臭漂う十九世紀がいたるところでまだ続いていたのだろうか。だが誰もがそこにいる。いまは動乱の後なのか。それとも大動乱は今から起ころうとしているのか。戦線の塹壕からとりわけ新しい絵画と音楽と文学が誕生した。危機は社会的背景（オーストリア帝国、労働経済問題、反ユダヤ主義……）をともなっていたし、芸術の共同体はそれを共有し、ぬきさしならぬ形で深化させ、伝染病のように人を介して広範囲に及んでいる。ウィーンの同時代人たちを列挙しておこう。画家クリムト、シーレ、ココシュカ、クービン。精神分析家フロイトと哲学者ヴィトゲンシュタイン。文学者シュニッツラー、クラウス、ホフマンスタール、ムージル。音楽家マーラー、シェーンベルク、ヴェーベルン、ベルクたちである。レーニンもウィーンのカフェに顔を見せていたし、ヒトラーは孤独のなかで薄ら笑いを浮かべていた。これらの洗練された野蛮人たち全員が同じ空気を吸っていたのだ。

だが待ってほしい。なるほどすべての偉大な画家は神経症である。だからといって精神分析も、病跡学的アプローチも、政治思想や哲学や文学の変遷も、シーレの絵を解読する役に立つと私には思えない。心理学的煙幕はすでに必要ない。表面ではいつも別のことが起きているからだ。どんな時代であれ、芸術の全般的傾向などそのつど致死的な生命力でしかないと言うほかないではないか。すべてのすぐれた画家の作品は突然変異のように現れるのだし、ここでもしかじかの社会思想のように一般化することはできない。でも音楽だけはたしかに聞こえている。だがそれはけっしてマーラーではなかった。シェーンベルク、ヴェーベルン、ベルク。しかしシェーンベルクもベルクもいまだ世紀末的でロマンチックすぎる。《魔笛》や《パルジファル》の余韻が続いていたのだとしても、ここにはモーツァルトも、ヴァーグナーも、ましてやゲーテもいなかった。私は何が言いたいのか。ヴェーベルンの音楽なしに、私は当時の危機的なウィーン、芸術全体を覆う塹壕の音響を想像することができないのだ。

こんな風にして都市の四大元素がいつものように画家の身体をつくっている。変形された形や数がある。普遍記号があるのか。記号は落下するのか。記号は人の皮膚に刻印されるのか。たとえここで音楽が聞こえていなくて、画家に音楽を聞く習慣がなくても、大気は震え、空中に何かが漂い、すべての遮断と断絶が中空で凝結する。何かが決壊し、決裂があったことはわかっている。シーレにしかわからない日常の苦しみや悲しみも目に見えないまま漂っている。絵の背景と前景は十二音階のように一列に並び、音列が二通りであるなら奇妙な対位法をなし、暗いあらゆる色調とともに融合し、平面として石化する。石は豊かさではなく、むしろ貧しさ、乏しさを共有する。シーレにもまた何かしら無一物状態のようなものがあった。しかしどの時代にあっても、芸術のあらゆる影響関係は表面的なものにすぎないのだし、画家の意識はこの際ほとんど関係ない。だからこそ若いシーレの絵の石化、岩石化は必然的だった。

シーレは自分でポーズをとる。ポーズをとるとは石化することである。彼が十九世紀から受け継いだものがあるとすれば、それはナルシシズムだ。女性が男性から受け取るナルシシズム的印象ではない。シーレはわざと変わった指の形をつくってみせる。何のために？　ポーズを固定し、さらに石化させるため。シーレの舞踏。不動の舞踏。動かない、動けない舞踏がある。だから演出は極端になされなければならない。鏡のなかの似姿はもう永久に動いてくれないからだ。このナルシシズムは、人によって、時とともにその形を変えようとも、いつも石や貝のように内側に閉じこもるだろう。瞬間的映像のようにその場に張りついてしまうだろう。とはいえナルシスが自分を映す水はたゆたっているし、固定できないのだから、たまさか、後には不吉な水面に像を宿したはずの自分自身を破壊するかもしれない。みなもの像は崩れるのが必定である。彼は自分を大理石のように思い描いていたかもしれないが、この石は水でできている。ナルシシズムがたいてい自分を破壊することになるのはそのためである。

芸術。それ故新しい芸術は存在しない。存在するのは新しい芸術家である。(1)

新しい芸術家？　つまり新しいナルシシズム？

ぼくたちを覆う外套はすべて、どのみち空無をも覆います。というのも、それらは、他の器官と絡み合いたいという欲望をいだくのではなく、ぼくたちを隠してしまうからです。

これがシーレのナルシシックなエロティシズムの正体である。

ウィーンの花壇。冬の花。花は枯れている。それが石化によって創造されたものだとしても、もともと枯れているようにしか見えない。私はシーレの描く樹木がとても好きだ。細い木。そして純粋なメランコリーが風景を石化させる。《吹き荒れる風のなかの秋の木（冬の木）》という作品がある。四季はなく、季節はいつも冬。一九一一年の《秋の木々》という絵もある。葉は紅葉して枯れている。木の背景といえば、まるで壁だし、壁のように動かない。壁は苦しみを生み、苦悩を忘れてしまえと立ちはだかる。それもまたヨーロッパの石の運命なのか。十字架はないし、罪の前に立たされているのではない。そして木は冬空の下でも生きている。鳥がとまりに来るのだろうか。裸の枝に。いや、ここに鳥はいない。思い起こせば、エニシダの小道が続くあの丘の上にも木が一本ぽつんと立っていた。やはり人はいなかったし、そこを行く彼は独りっきりだったはずだ。何と鳥たちと泉は遠いことか、と詩人は書いていたではないか。裸体としての樹木。鳥たちは遠い。地獄にも煉獄にも木が生えている。

驚くべき花々、物言わぬ庭園、鳥たちに耳を傾け、香りを感じた。鳥たち？

だから庭園は沈黙し、それから風景は俯瞰される。飛んでいる鳥が下界を見下ろすようにだろうか。鳥がいないのだから、この俯瞰は奇妙だ。シーレは何を想像していたのだろう。「それ自体」が落下し始める瞬時の特徴。それを画布のなかに探す。石化。だが、木があるのに鳥は描かれないし、シーレの絵のな

（1）　エゴン・シーレ自身の言葉の引用は、すべて『エゴン・シーレ　永遠の子供』（伊藤直子編訳、八坂書房）による。以下同様。

かに鳥はいない。落下するのは鳥ではなく、石である。

白い空の下！　ぼくは今、常に同じ姿をとどめているこの黒い街に再会しました。（……）縁取られた部分は、《死せる街》の上部です。

モルダウ河畔の街自体が黒い石と化している。ウィーンはさびれゆく。街は俯瞰によって下の方にあるのに、上昇しない。重力のせいだろうか。美しい黒曜石のようにではなく、煤煙ですすけて、石炭のように黒くくすんでいる。《死せる街》をエル・グレコの《トレドの眺め》と比べてみたくなる。エゴン・シーレの描く家々に人は住んでいるのだろうか。きっと貧しい人々だろう。待ち人は来ないし、待っている人はいない。誰かが沈黙を強いられたのか。だから画家はこの世界に足を踏み入れたのだ。戦争画家。「つまり、彼らは皆戦争画家ではないが、たとえその気がなくても、彼らの絵をとにかく戦争と関連づけなければならない」、とシーレは言っていた。シーレのこの手紙の言葉はただの報告とも受け取れるが、思わぬ真実を言い当てていると思われる。戦争があった、今もあるし、これからもあるだろう。二十世紀や二十一世紀はいったいどんな時代だったというのか。黙ったまま生きる希望を失っているのは君なのか。グレコの十六世紀の街トレドに戦争の気配はなく、それでいて生きている人間が住んでいるようには思えなかったが、それでもシーレの二十世紀の《死せる街》には人の気配がするようだ。

人の気配。そして人物。肖像。恋人と自分。別の絵の黒の背景から人が浮かび上がる。二人いれば、恋人であれ、妻であれ、誰であれ、一人は分身であるに違いない。ウィーンにも「プラーグの大学生」がいたるところにいる。分身は自分を抱え込んでいる。しかし二重化するものと二重化したものは、非常に不可解な精神的「非関係」でつながっているとしても、オリジナルとコピーの関係にはない。私に「分身」という存在の一端を教えてくれた詩人アントナン・アルトーは、晩年に自画像や他人の肖像など多くの特徴あるデッサンを描いたが、私にはアルトーが自らの分身を含めた「肖像」の奥底を凝視していたように思えた。肖像画の本質とは何だろう。分身というものを強く意識し思考していたアルトーだが、この奥底との熾烈な戦いのせいで、彼が他人の肖像をえぐり擦過するように描くとき、すでに分身は消えているように思えた。その意味では、シーレの肖像にはまだ若い分身が描かれている。分身という形象の深みと場違いさは表面にしか表れないし、深さ自体が表層にしかないことがわかっているとしても、アルトーの肖像とシーレの肖像を比べてみても私は混乱するばかりである。

絵を描くことがたいしたことであると信じている人は間違っているのです。絵を描くことは一つの能力です。ぼくはもっとも強い暖色同士について考えています。それらは混ざり合い、溶け、ぼやかされ、盛り上がっていて、丘のように緑色や灰色が塗られたシエナ色、その横には青い寒色の星を、白く、青白く。僕には分かってきました。そして急いで数え、数字それぞれを観察し、察知するよう試みました。眺めることは画家でもできます。見ることはしかしながら、それ以上です。

このくだりはヴァン・ゴッホの『手紙』のなかに散見される自作解説の素晴らしい文章を思い起こさせる。エゴン・シーレがいかにクリムトを称賛しようと、彼はほんとうにクリムトやココシュカの精神的な同志だったのか。クリムトよりもシーレは画家としてよく「見ている」し「数えていた」のではないか。

私にはそういう印象がある。画家は自分を抹消するほど「見る」ことができたはずだ。彼はそのようにして対象を見て数えていたはずである。それとも世界のなかに落ちてきた自分を？　自分だけを？　創造の背後に控えているものを追い求めても、わずかなことしか知ることはできない。問題は絵画における創造の思考の前、手前、前面にあるものである。神話的なものはないし、作り話はなしだ。同時代人なら、むしろ私はヴァン・ゴッホやユトリロやモジリアーニを思い浮かべてしまう。

　ぼくが知っているのは、現代的な芸術が存在するのではなく、一つの芸術が存在し、——それが永続するということである。

一個のオレンジが唯一の光だった
罰せられたのではなく、浄化されたと感じる
芸術はモダンではありえない。芸術は根源的に永遠である

　この絵はそれ自体から光を発しなければなりません。肉体はそれ自身の光をもち、肉体は生においてその光を使い果たし、燃え尽き、灯は照らされていません。

　唯一の光。私はまたしても絵のなかに光源を探してしまう。光はどこからやって来るのだろう。光の情報だけが永遠なるものに接近し、あまつさえ光は破壊できない。闇を生み出し、それを注視するには、光を見つけ出さねばならない。画家にとっての光は、創造の手前にあって、なおかつそれを創造させるもの

だ。「肉体はそれ自身の光をもつ」ということ、そのからくりを一番わかっていたと思えるのは、エル・グレコだったかもしれない。シーレの絵のなかの光源はまだこちら側、画架を前にした画家の側にあるように見えることがあるが、グレコの光源はどこにもないように思えるからだ。しかし絵画の光が光源でないことはわかっている。もしかしたら光は絵画における最初の対象なのかもしれない。後から線や面が顕れる。カラヴァジョのように光は画家の欲望を浮かび上がらせることがあったが、だからといって光は欲望ではない。光はそれ自体で発光しなければならないが、たとえ画布という舞台があっても、まだ描かれていないタブローに光のための書割りや舞台装置やセノグラフィーがあるわけではない。この点でもシーレはドイツ表現主義的ではなかった。私が言いたいのは良し悪しではない。

瞬間ごとに黒い川がぼくの力すべてをくびきにつないだ。
ぼくには小さな川が大きく
穏やかな岸辺は険しく高く見えた。
旋回しながらぼくは格闘し
ぼくの中に流れる水の音を聞いた
その豊かな美しい黒い水――

ウィーン川が流れている。水は黒く、岸辺はいつも険しい。幾人もの亡霊が橋の上を通り過ぎる。彼らはまだ生きているのかもしれないし、橋はまんなかで折れてしまっているのだから、亡霊たちは橋を渡りきれるだろうか。幽霊がやみくもに通り過ぎる地点にはきっと何かがある。それなら裏道を行くしかないだろう。ウィーンの旧市街。外套の襟を立てたエゴン・シーレが旧市街の古い通りを横切る。一瞬後にもう彼の姿はない。通りは茶色と灰色のままがらんとしている。さっきまで画家はアトリエで眠っていた。花壇の花が枯れている。たまには色彩のことを考えなければならない。死ぬまでにはまだ少し時間がある。

午後のウィーンの曇った空から石が幾つも落ちてきたのかもしれなかった。描かれた絵のなかにも、まだ描かれていなかった絵のなかにも、新たに発見されたかのように石化したものがあった。シーレが夢見る青年だったとしても、彼の見る夢は、画布の奥行きであり、現実の要約であったに違いない。だが若い欲望は奥行きも要約も拒絶する。絵画の法則は現実の法則に反している。彼はひとつの人生を負い、画家としてそれでは十分でないので、自分の時間を描いた。日常はずっと続く。それがどれほど貴重だったことか。十五歳、十七歳、二十五歳、エゴン・シーレは二十八歳で死ぬだろう。クリムト、そしてシーレの愛妻が死んだのは同じ年の少し前だった。

「死に向かって叫ぶ」？ エゴン・シーレにとって、石化しながら描くこと、つまり生きることは、ヴェーベルンにならって言えば、やはり「ひとつの形を護る」ことだったのだ。

ひとつの形、それはヨーロッパの空から落ちてきた石である。

（二〇二三年一月）

17　さっきまで雨が——福山知佐子

さっきまで雨が降っていたのだと思っていた。厄日だった。申し訳程度に降り出す雨の音を聞きつけたような気がしていた。いや、それも錯覚にすぎなかったことはわかっている。荷風の文章が、壊れた蓄音機か、空約束のように釘で傷をつけられたレコードのごとく、幾度となく同じフレーズを繰り返しているばかりだった。しかし風は芭蕉も破らず紫苑をも鶏頭をも倒しはしなかったのだ、と。芭蕉、紫苑、鶏頭。聞こえたのはこのアウター・リミッツのような三つの言葉だけだった。花言葉ではなく、花の言葉。あれほど慈しんだ、あれほど見るべきもののない、あれほど狭い庭に咲いていたのだろうか。見てきたような嘘だ。「その年二百二十日の夕から降出した雨は残りなく萩の花を洗流しその枝を地に伏せたが高く延びた紫苑をも頭の重い鶏頭をも倒しはしなかつた」(永井荷風『雨瀟瀟』)。申し合わせたように、何かを言う端からもう言うことがなくなってしまったので、夕顔と月見草が咲きかけていたと思ったのかもしれない。空はもう暗くなりかけていたのだから、小説家はあえてそう思おうとしたに違いない。私はといえば、風邪を引いた。

二百十日の台風が来ていたのだろうか。そんなはずはない。今日はちぎれ雲ひとつない快晴だった。雲もなし、記憶もなし。地球もろとも消えてしまう幻のような役者たちすらどこにもいない。厄日であっても、厄日などではなかった。だけど不意に、雨上がりの臭いがしたのである。フラボンの一種、ゲオスミンの臭いだった。大地のジャスミン、土の黴の臭いである。土からのいつもの贈り物の正体は、エニシダの群生する明るい小道を登りつめたところ、その向こうにあるカラカラの丘ではけっして嗅ぐことのできない臭いの主だったが、この小さな丘の向こうには世の果てがあるだけだ、と詩人ランボーは言っていた。なんと泉も鳥たちの囀りも遠いことか、と。だがここの泉は涸れてはいなかった。やはり雨が降ったあとだったのだ。もうとても葉っぱのようには見えない、枯れて黄色く変色したトラノオの肉厚の葉を手に取ると、書見台に立てかけて、見えるとおりに、見るとおりに、それに触れてみる。トラノオは雨に濡れてはいなかった。

今日は画家である福山知佐子さんの本『反絵、触れる、けだもののフラボン』（水声社）をずっと読んでいた。通読するのは二度目である。一度目はその明敏と犀利と繊細と真摯と苦痛に驚かされた。二度目はそれを納得した。時おり頁をめくる手を止めて、私にはそれほどよくあることではないのに、スケッチブックに落書きをした。素描は素として縹渺《ひょうびょう》としていた。画家への冒瀆のようなへたくそな絵は他愛もないチック病のように未完のままであるし、それ以上描き加えられも破り捨てられもしない。だがほんものの画家が言うには、デッサンはもぐらの行動に似ているらしい。少しずつ穴を掘り進んでゆかねばならない。感覚し得ることと成し得ることの間を。私の成し得ることはあまりに貧相なので、素描はすぐに終わってしまう。もぐらがいたのだから、再び少しだけ雨上がりの土の臭いがした。それを嗅いでみようとする。缶ビールをあおる。嗅いでみたのだ。それをやっとのことで自分に言い聞かせる。

藍藻、放線菌などの微生物の死によって放出される臭い。病弱であった子供の頃から好きだった臭い。私はそれを肺いっぱいに吸い込む。なぜか私自身ではなく、自分を含めた何かが生きている。そこに何かがあって、時が、言い知れぬまま時が動き始めたのだという親密な感触。死から鏡像のような化学式が生まれた。セスキテルペン類が分解される。オゾンに混じったゲオスミン。その微妙な頃合い。生命の芯が溶け始める。不分明で、茫洋としたまま。脳髄が緊張のあまり収縮して、からだに何かを命ずる昨日の情景が私の外を通り過ぎる。それは骨の軋みの音が香りに変化するようにあたりに漂ってくる余燼なのだろうか。過ぎ去ることのない時間は残酷であることを事としたのだろうか。向こうでお寺の鐘が鳴っている。

若い頃、パリの墓場の地下納骨堂の古い柩のなかに身を横たえたことがあった。なぜそんなことをやったのかは覚えていないが、ほとんど何の腐臭も、それどころか何の臭いもしなかったはずだ。カラヴォンの谷間では、突然、鳥の囀る声がする。どこかで捏造されるように促されたに違いない記憶を通して、つまりすでに存在してはならない場所で、何度もそれを思い出す。突然、さして理由もなくもう死にかけていたアッシジの聖フランチェスコのことを思う。あらためて（どうあらためるのか？）。彼はすでに死んでいたのだ。栄養失調のためだろうか、あの刺青、聖痕を受けるためだろうか。フランチェスコはほとんど目が見えなくなっていた。小鳥の命、小鳥の言葉。雨上がりのアッシジ。噎せ返るような大地の臭い。雨がそれを土の廃墟のなかから解き放ったのだ。あらゆる時間が犇《ひし》めき合い、輻輳《ふくそう》し、間引かれ、しかし自らを裏切るようにある一点で凝固したかと思うと、あっけなく蒸発してしまう。

画家であって素晴らしい文章を書く人がいる。ヴァン・ゴッホ、ジャコメッティ、鏑木清方……。ヴァザーリやミケランジェロやポントルモやピカソやベルメールやキリコやサヴィーニョをこれに加えて良いのかどうかはよくわからない。たぶん私が言いたいのはもっと別のことである。ピカソはまだいいのだろうか。どうだろう。ニコラ・ド・スタールはどうだろう。

福山知佐子さんは植物をじっと凝視し、それと言葉を、そう、たぶん言葉を生命の最後の形骸、その震えと交感するように、つまりそれを筆舌に尽くし難いかたちで愛するように、あるいは愛したように書くことができるのだろうか。言葉はいつも言語を絶している。植物の生と死を、その曖昧な結合を生きるように、それが最後には枯れて腐って干涸び、粉々になってしまうように、いや、その前の、まだ生命の名残をとどめていた最後の姿をじっと見つめるように、それを網膜に、偽物だけを見てきたのではない湾曲した網膜に焼きつけるように、その生をいま生きたばかりであるかのように書くこと。

彼女の植物は酸によって腐食し、そこにやわらかで過酷な時間が流れていたことを示している。私の柘榴の実はテーブルの上で石のように固くなってしまっている。モランディの描く茶碗のように可愛らしい。福山知佐子さんはつまるところ植物のあえかな群生のように、あるいはあり得ない場所にぽつんと立っている一本の木のように、たぶん彼女自身の苦痛を忘れて、植物の死すべき優美と苦痛を掌に、生暖かい風が運んできたてのひらに、描くように刻むように刷り込むように写し取るように、それほど身をよじって書いているのだろうか。それはプルーストが植物的ともいえる想像力を持っていたというのとはまた違った意味においてである。だがこんな比較には何の意味もない。植物の透かし模様、レリーフ、黄ばんだフランスレースは、暗闇に向かって強い光に透けている。


代赭色の錆の花が大小のひな菊のように咲いたペンキの剝げた鉄の壁にもたれ、そこに沿って身もだえする枯れ蔓に両腕を絡ませて息をひそめてみる。

見上げると見たこともない不思議な曲線のもつれの向こうに、くぐもったビロードの空があって、そちら側からたくさんの雨滴が放射状に私の眼に向かってきた。
天に落ちていく気がする。

両腕をからませたのは彼女である。ビロードの空、蔓、冷たい雨だれ。最初に息をひそめていたのはこれらである。両手は真っ赤に腫れあがり、曲線が幾重にももつれている。雨と雨のハネが眼前に描く直線だけからなる歪んだ蜘蛛の巣を重ねたように。風の強い嵐が丘の上に立ちすくんでいるみたいに、だが平行線は交わっている。それは地層の褶曲にも似て、あるいは湾曲した水平線のように、すでに曲線のように見えてしまっている。悲劇のように植物の残像がある。それが天から落ちてきて、彼女を一瞬のうちに一瞬だけ消し去ってしまうのだ。

ダンテの地獄篇の自殺者の森を思い出す。血を流しているのは人間なのか樹木なのか。勿論、植物についてではなく、結局ついに彼女は植物を書いたのだろうか。それはどんな事物の時間なのだろう。そこで息をしているのはどんな運命なのだろう。つまるところ、それはどんな肉体なのだろう。金木犀の強い匂いがする。大野一雄にも中川幸夫にも若林奮にも毛利武彦にも種村季弘にも、彼女の愛する人たち、愛するものすべてに植物をじっと見ていただけではない。誰も何も見ようとはしないのだから、誰も何も見ていないときに、いつも彼女はじっと見ていた。いまも見ているに違いない。苦しいほど、からだを病むほどに千里眼であるには、目玉や鼻や口や手や足を使って肉体的な透視を駆使するには、まずは四六時中見る人で居続けなければならないことはわかっている。夕方の坂道で、廃墟の塀の外で、青梅街道で、草むらで、猫と一緒にいるときも、吐いているときでさえ。

夏の終わり。あたりが急に薄闇に包まれる、しゃぼん玉のように滲む陽光、淋しい海が現れる。彼女はそんな風に書いている。海は遠くにあって、海に辿り着けるとすればそれは時間を遡ることでしかない。生きているものはやがて滅びるだろう。花は枯れてしまうだろう。そして何度となく、もう一度画家の素晴らしい眼を通して、こちら側の世界のなかに驚くほど繊細な色彩が現れるのだ。私もそれを見たいと思っている。

鉄黒、黒橡《くろつるばみ》の闇の奥から現れる。薄い白、練色《ねりいろ》、酥色《そしよく》、灰白色、イヴォワール、くすんだミルク色、謂わぬ色（支子《くちなし》）。（……なんの肉体？）

あるものは錆の黒鳶《くろとび》、海松《みる》色、象の肌の色、煤竹、蠟色、皮鉄《かわがね》、青鈍《あおにび》、それぞれのざらざらした質、変化の緩やかな時間を見せ、あるものはツヤツヤに磨かれてシナモン色の液体のように光り輝き、極めて繊細な擦過傷の銀と乳白の靄に覆われていた。

しかしむしろ何も描かれていないひび割れ剝落した壁、朱欒《ざぼん》、空色、古代紫、葡萄、碧玉、金茶、灰褐色の亀裂やかすれの中に、うねる雲や、散りゆく花、葦毛の馬や、細い鹿、青い衣を着たうつむく女性や、黙ってはにかんだように見つめている天使が見えるのだ。

（二〇一四年十月）

18　病んだ天体——渡辺千尋の銅版画作品のために

惨劇はいつもぎこちなく始まる。
ア、イ、ウ、エ。エ、ウ、イ、ア。
内部の城は腐り、腐蝕し、焼けただれ、干上がり、かさかさに乾燥して、足場のほうから崩れてゆく。腐って変色する前の肉はいたるところに盛り上がり、湿って、溢れ出している。白い獣がいる。穴ぼこがある。メエルシュトロウムはぬめぬめした井戸のように動かない。錆びた馬車が捨てられている。あれらの役者たちはみんな何かの成れの果てだった。おまえたちはとっくの昔に追い払われている。外部の迷宮には出口がないどころか、そもそも入口がないのだ。平行線はつねに交わってしまうのに、ビュランの線はだから靡爛《びらん》しながらも、永久に交わることは、重ね合わされることは、手を取り合うことはないだろう。鉄と銅は、握りしめた拳のなかで、固く、たまきび貝の内側のようになって、赤銅色の空を漂っている。

アリアドネの長い糸が風に揺れていたためしなどなかった。君たちが言うように、嘘ばっかりだ。それは銅板に彫られていた。

堅牢な都市は瓦解する。堅牢な都市は犬と狼のあいだで涎を垂らしている。犬狼都市は、ほら、君たちの目の前、ここで消滅したばかりなのだ。遠吠えが聞こえる。丘の上に白黒の狼煙《のろし》が上がる。街にはかつて桶屋、製材所、指物師、竹籠屋、ブリキ屋、鍛冶屋、目立屋、欄間掘り師、印章屋、大工の仕事場があった。後ろの半地下には老師アルブレヒト・デューラーが控えているだけだった。目を閉じれさえすればそれでいい。曇った鏡を前にすれば、老師は錬金術師か死神にそっくりだった。もくもくと迫ってくる雲は病んだ心臓に似ていた。声のない魚がいる。死んだ魚が雲のなかを泳いでいる。

そして神々はいにしえのアキレス腱のように遠くへ逃げ去った。トンボの目玉がじっと見つめていたプレス機械。大気と逆向きの時間を圧搾し圧縮する機械を探さねばならなかった。だが他の人々、ほかの神々がすみやかな死をここにもたらしにやって来たのだ。象は振り回した鼻の先で自分のからだを裏返しにした。写生などとうていできはしない。おお、老いたる大地よ、象の墓場をほんとうに見た者などどこにもいないのだ。無数の象が走る。轟きが聞こえる。時は迫っている。

風の遺跡に十字架は見当たらない。ここから、あそこまで、雛罌粟は咲いてはいない。ピラネージの牢獄には根がはっている。難破船。使われていない廃墟の灯台。水はとっくに干上がっている。崩れた階段が上のほうから垂れ下がり、半分は奈落の底に突き刺さっている。上のほうから、そうだ、上のほうから、ぼんやりと光が射しているのがわかる。地平線は、仮の、また仮の姿である。煙を吐き出せばそれが人の住まいだとわかる。モナドには窓がない。服を裂くようにして、裏地を一生懸命縫い取らねばならないのだ。骨、骨、それから植物。死ぬ前に石と化した植物。これらの石からは何十万年前の大地の黴が臭っていたのだろうか。昨日見た夢の乱雑な断片ではないのか。虚空の残像にはあまりにも多くの付喪神《ツクモガミ》が犇《ひし》めいていた。電柱には、閃光によって吹き飛ばされた、もう目には見えない馬の首がぶらさがっていたのか。

死んだ父がいる。咳をしながらいつまでも生きている。ピノキオの目玉が落っこちていた。耳元でそっと聞かせてくれ、君たちは、そこに盲目の神がいたのだと言いたかったのか。

神の首も閃光とともに吹っ飛び、もぎ取られた。もう一度言おう、馬の骨、馬の首。長崎の西坂に辿り着いた殉教者たち。丸血留《マルチル》。処刑される前の子供たちが賛美歌を歌っている。十字架にかけられた三人の子供はその後すぐに槍で心臓を突かれた。血が凝《こご》った。マザグラン珈琲が湯気を立てた。銅版画が彫られた。足にはマメができている。大洪水の後の兎のように。

折れて朽ちてしまった槍が刺さったままの胸が見える。殉教者の坂を誰かが降りてくる。祭壇の前で祈りを捧げるのは老いたる元死刑執行人だ。我、我と汝を許すまじ。朝靄に霞む歴史の暮れ方は、少年時代の忘却のなかで咲く薔薇の蕾に似ていた。これでおしまい。何度でも。薔薇の内部。いや、違う。花瓶には百合。純白の百合なのだ。束の間の終りがやって来る。「私が来たのは地上に平和をもたらすためではない。私が来たのは、剣を投げ込むためである」、そう言ったのはカルヴァリオの丘を歩いていたイエスだった。イエスの十字架の隣には泥棒の十字架が二つ並んでいた。空が翳った。稲妻が走る。雲が真っ黒になる。寒くて凍えそうだ。ユダヤの神殿はまっ二つになった。ゴルゴタの丘の端っこで、腕組みをして、事の成り行きを見つめていた女乞食がおもむろに言った、「あんたたちは預言者ではないのか」……。

泉のほとりに人影はなく、弟子たちはオリーブの樹の下で昼寝の最中であった。小鳥たちはいない。着古した三十三年の肉の衣。イエスはにわかに顔を曇らせ、この襤褸《ぼろ》ぎれを脱ぎ捨てて言う。「死骸を見出した者はこの世を知ったのである。この世は彼に値しない。我、死骸とともにこの世に入らん」。

十字架はすでに聳《そび》えていた。

（二〇一五年三月）

19　我々はそこにいた――EP－4　反メディア年代記のために

古代ギリシアのストア派の哲人クリュシッポスは笑いすぎて死んだといわれているが、尊大な人物でもあった。彼は多くの書物を著したのに、喜ばしいことに、どの王にも自分の本を一冊も献呈しなかった。彼はまたこんなことも言っている、「入信していない者たちに秘儀を洩らすものは不敬の罪を犯している。秘儀の解説者などというものは不敬の罪を犯しているのだ」。

したがって私もここで不敬の罪を犯さないためにいかなる解説も行わないことにする。そのほうが身のためである。とはいえ誰に対しての不敬なのか？　この場合は、冒瀆のイニシエーション、つまり星からの悪い知らせを聖痕のように受けてはいない者たちに対してである。勿論、私が「メディア」に対して秘密を漏らしたくないと思っていることはあえて言うまでもないだろう。

急いで付け加えておくなら、秘儀は必ずしも秘密の儀式ではなかった。だが、そうは言っても、その秘儀とやら、言うところの入信を前提にしているらしい秘儀なるものは、いったいどこにあったのだろう？

雨ざらしでむき出しのまま錆びついた廃工場のパイプのジャングルのなかに、ああ、そうとも、あえて言うなら横向きにひそかに掘られた時間の井戸、ぺしゃんこになった天空の井戸のなかに（何度か井戸を掘らねばならなかったのだ）、ハレーションを起こした群衆のスナップショットのなかに、崩壊したビル、原子炉、人を寄せつけない庭園の残骸のなかに、空地、空気の精、白茶けた路上、下世話な千のいざこざ、チックタックという時限式の機械音、夜明けのゴーストタウンまがいの箱庭のなかに、真っ黒に焼け焦げ、鼠に齧られた手帖、オークションで競売にかけられる贋物の発掘物、スーフィーのダンスのような独楽の動きのなかに、廃駅に生い茂る見たこともない植物のなか、崩れ去り打ち捨てられた神殿、砂漠の向こうからやって来る記憶のなかに、あるいは墓のなか、死神の平石の下、いや、それとも空から落ちてきた梯子の下にいたように、河原町三条近くの「クラブ・モダン」の階段の下に、カンブリア紀の鉱物の連鎖爆発のなかに、人のいない場所で神の眼だけによって撮影された未来の映画のなかに……。

われわれはそこにいたのだから、そこにいたのである。それは冗語法ではないし、ただの冗談でもなかった。言えば言うほど間抜けに見える。言うだけ野暮なことが世間にはある。

唖然として口をあんぐりしてしまうくらいヤクザな、それでいて大真面目な哲学者、クリュシッポス——「君が何かを語れば、それは君の口を通って出てくる。ところで君は馬車のことを語る。すると馬車が君の口を通って出ていくのだ」。

というかむしろ、この何かがまずは音声、つまり「音」であるのなら、馬車が通り過ぎるには、「馬車！」と言えばいいのである。馬車！　すると眼前を馬車に乗った影が、ボロ馬車もろとももものすごい音を立てて疾駆する。ルクレチウスの言うようにイマージュは物体から、侮辱された物自体から遊離し、空中を漂ってこちら側に到達したというのだろうか。たしかにそれを見たのだから、イマージュは剥離した。だが、音は？

ところが「音！」と言っても、音は君たちの前を通り過ぎることはけっしてないだろう。われわれは音楽家であって音楽家ではなかったのだから、そのことをよく知っているはずだった。音は「お」であり、「と」であるのだから、古代のストア派が言うように唯物論的で非物体的なものであり、アクシデント、偶発事であり、だからこそ出来事に踵を接し、あるいは出来事のなかで宙吊りにされた一種の事態、事態の手前にあった何かになろうとしているはずだった。それは言うことができないものだし、誰によってであれ、言われたものではなかったのである。

だから「音」は眩暈がするほどの速度で過去と未来に無限に分割され、過去の末端と未来のはずれは、そう、たしかに呪われたみたいに沈黙の城砦によって包囲されることになった。現在という時間はない。クリュシッポスはそう言っていた（ちょうどあの難解な詩人マラルメみたいに）。全神経を幻の一点に集中して、耳をかっぽじってよく聞いてみたまえ。静寂のさなかに聞こえるのは自分の心臓の音だけだということもある。過去と未来のなかで、放心のなかで、耳をすませ。生きていることをそこで祝福するにしても、現在などないことがわかるだろう。それ以外は頭蓋骨の外と内でうなりをあげ、通奏低音のように微妙に振動し続けるノイズだけ。ノイズは意味の萌芽だが、意味そのものではない。過去と未来はノイズに満たされている。それは暗い城塞に包囲され、トロイの木馬でさえそのなかにまでは入ることができなかったのである。そう、そう、それがアルトーの言う「黒魔術の城塞」なのだ。

EP－4は、生まれたばかりの、あるいは重力崩壊を起こした後の（どちらにしても同じことだ）ガス状の星雲のようなものであった。フィレンツェから追放されたイタリアの詩人ダンテが煉獄から「外」を見たみたいに、冷たい星が一つか二つ瞬いていた。それでも音の群れは現在の拡がりのなかにわだかまり続け、中心も外縁ももたないひとつの違い星雲であるほかはなかったのである。こうして星雲から星雲が離脱し、ずり落ちるようにして場所を移動したのだった。それはつねに仮象であり、仮の姿だったことは言っておかねばならない。以下同様、続きはまた今度、といった具合に！

言うまでもなく私はあらゆる義務を免除されてはいるが、年代記を書くにはまずは時間の問題に立ち戻らねばならないようである。再びクリュシッポスは言う、ただ現在だけが存在する、過去と未来は存続するが、けっして存在しないのだ、と……。ちょっと待ってくれ。さっき私は、「現在という時間はない」とクリュシッポスは言っていたと書いたばかりではないのか。矛盾したまま、矛盾のぬるま湯あるいは熱湯のなかで、知らんぷりを決め込もうというのか。とんずらするのはわれわれの特技である。ああ、違うね、矛盾したように見えるのは、単にうわべのことにすぎない。わざわざ矛盾したことを平然と書いているというのが味噌なのだ（こんなことを書くと時々日本語を呪いたくなる）。

話を元に戻そう。ところで、記憶のなかでさえ数学的にしか示しようのない一瞬、現在という時間、現前する時間は、そのままそこで無限に分割され、ある部分は過去であり、ある部分は未来となって、始まっているのか、終わっているのか規定できないことになる。それは微妙な、無明の変化のなかにあるのか。いや、それは煩悩の問題ではないし、変化ですらない。不思議の国のアリスはすでに大きくなり、同時に小さくなったかもしれないのだ。つまり現前する瞬間というものはないが、拡がりという点では、ただ現在だけが存在するのであり、過去も未来もじつは実在していないというわけである。

未来から過去へ滔々と流れ去るのであれ、過去から未来へと濁流に呑み込まれるのであれ、このようなヘラクレイトス的時間、あるいは『方丈記』的時間（ゆく川の流れは絶えずしてしかももとの水にあらず……）は、クロノス的時間と呼ばれる（なぜなのかはエミール・ブレイエやヴィクトル・ゴールドシュミットという学者にでも聞いてくれ）。それに対して、この無限に分割される現在という時間、言い換えるなら現在が非存在にほかならないような時間は、ストア派によれば、アイオーンの時間と呼ばれていた。だからこのアイオーン的「現在」はきわめて非物体的なものであったのだし、それは空虚な形式ではあるが、時間のある種の「間隔」を指し示していて、それは、ご想像のとおり、無限の時間そのものとなる。

どうしてこんな話をしているのか。むろん、EP－4が大方の予想に反してかつて一度も解散したことがないということを言いたいがためである。例えば普通、政治的、その他の陰謀はクロノスのラインに沿って企まれる。だが、EP－4の「プロジェクト」は拡がりのなかにあり、ひとつの、無数の陰謀の「延長」だった。切断があったのかなかったのか、そんなことは重要ではない。それはあまりにもくだらないので誰もが人知れず心の底では信じているはずのどの陰謀論にも似ていない。この延長は当然のことながらアイオーンの時間を指差す空虚のなかの記号を含むものであり、黒い指標を、透明な徴をそこに垣間見ることができるものである。クロノス的時間が人をそこへ引きずりこむあの陰謀、この陰謀の話をしては、われわれはいつも笑い転げていたのだ。

目が覚めると世界が一変している。だからじつは何ひとつ変わってはいない。七〇年代初頭の京都と七〇年代後半・八〇年代前半の京都の街はその様相を一変させていた。ローマ帝国の崩壊、訪れたこともない月読神社の亡霊、あらゆる有象無象のスペクトル、一六六六年（サバタイ・ツヴィーの棄教の年?）、塩の柱の地理学、避雷針の心理学、すべてを、すべての陸と海を覆う周波帯、五月革命、5・21、帝都物語の科学、予告済みの昭和崩御、広島と長崎、そして福島……。

実りある、栄えある、素敵な、まだ人の知らない、あるいは地獄に堕ちた、まがまがしい、うっとりするような芸術、「土下座の芸術」。じつは芸術などどうでもよかったのだ。シチュアシオニスム? 勿論、意識してたさ、何も言わず、北半球の白夜のなかでお互い合図を交わす必要もなく。シチュアシオニスムのかつての首領、ギー・ドゥボールは一九八八年に（彼がピストル自殺する六年前のことである）こう書いていた。

ヘーゲルの有名な言い回しを転倒することによって、わたしは一九六七年にすでにこう記していた。「現実に転倒された世界においては、真は偽の契機である」〔『スペクタクルの社会』テーゼ9〕。その時から過ぎ去った年月は、それぞれ個々の領域で、例外なく、この原理が進行していることを示してきた。

（ギー・ドゥボール『スペクタクルの社会についての注解』木下誠訳、現代思潮新社）

あるいは、

芸術が死んで以降、周知のように、警察官を芸術家に変装させることはきわめて容易になった。逆方向に転じたネオ－ダダイズムの最後の模倣品が、がらくたまみれの王たちのお抱え道化師のように、メディアの中に誇らしく大手を振って登場することが許され、それゆえ、公式の宮殿の舞台背景をほんの少し変形することを許されるとき、それと同じ動きによって、国家の影響力のネットワークに関わるすべての密偵あるいはその補充要員に文化的カムフラージュが確実に行われるのが見られる。警察的ジャーナリストや警察的歴史家、警察的小説家などの評判がたつのと同じような速さで、空っぽの疑似－美術館や、実在しない人物の全作品に関する疑似－研究所がいくつも開かれる。アルチュール・クラヴァンは、『マントナン』誌の中に次のように書いたとき、こうした世界の到来をおそらく予見していたのだろう。「やがて通りには芸術家しかいなくなるだろう。そして、そこに人間を見出すことはこの上なく困難になるだろう。」これこそまさに、パリの不良たちが昔よく言っていた冗談――「やあ、芸術家諸君！　間違ってたらごめんよ」――の新装版の意味なのだ。

あるいは、

互いにぶつかり合い、現実の一側面への賛否を唱えていたイデオロギーがいまだに存在していた時には、狂信者や嘘つきはいたが、「情報の歪曲者」はいなかった。スペクタクル的なコンセンサスの尊重によって、あるいは少なくとも、スペクタクル的な虚栄心の意志によって、自分が何に反対し、あるいは自分が何に賛成するかを、あらゆる帰結において、本当に言うことがもはや許されなくなったとき、そして、それにもかかわらず、人が認めていると見なされていることにおいて危険だと考えられているある面を隠す義務にしばしば出くわすそのような場合に、その人は情報の歪曲を行う。あたかも不注意によってか、忘却によってか、それとも、いわゆる誤った推論によってでもあるかのように。

EP－4は坑道の迷路のなかで夜営し、蔦のからまる古い壁を攀じ登り、朝のハイウェイで眠り、空間と空間の軋みを体内に飼い続け、シールドに足をからませて路頭に迷い、また使用禁止のビルのなかで会見の幕屋を張ったり畳んだり、警察といざこざを起こし、土砂降りのなかで橋げたに車を激突させたり、練習したりしなかったり、素描でもするように白熱灯ランプの下で酩酊し、幻想のアドバルーンのような、子供が道端で拾う破けた紙風船のような球体に、チベットのストゥーパのような光を放つ多角錐に魅入られ、水に浸かってエフェクターをつねに調整し、ガラスを割ったり、掃除をしたり、犬を飼ったり、墓掘人夫のように歯を見せては沈黙し、黙して語らず、誰が何と言おうと電源のつまみをポケットのなかに忍ばせていた。私はといえば恋をしていた（嘘だ！）。

芸術が死んで以降、チェルノブイリに茸が生え始めて以来、佐藤薫とEP－4にとって事は穏やかに済むはずはなかったのである。

【ルンタ風の追記】

『チベットの死者の書』は、水の元素も、地の元素も、火の元素も、風の元素も、我々の敵ではないことを教えていた。そして、勿論、蛇の鱗を反射する虹の元素も、音・色彩・光線の元素もまた我々の敵ではない、と。バルドーの幻影。それは君たちであり、私である。汝は彼であり、私は彼がなるところのものであり、そこから逃げ出すものであり、また何者でもない。器官なき身体。身体が「外」であるのは当たり前のことである。我々は音・色彩・光線によって我々の「外」に入る。

我々はその場にとどまって出発するだろう。ハゲワシの旋回する青空。無限の祈願。音は無数にはためく小さな旗にからみつき、それを透過するだろう。音響建築は、風にはためく外縁を我が物とするだろう。

ある種の完成の形、それはノイズの充溢であり、磁化した完璧な静寂である。何かが成就される。鳥の急降下のように。日蝕のように。母音の色彩がそうであったように、忿怒尊よ、そいつはここで一気に与えられるのか。

転々とするもの、放下するもの、恐怖の残滓のように、光明のように、向こう岸で流転し続けるもの、終ることのないもの、こことそこで終わり続けているもの……。悪魔祓いの過程はつねに目にすることができる。5・21。EP－4。

（二〇一一年四月）

20　動いてはならない――室伏鴻

動かないものがある。たとえ酩酊していても、たとえ串刺しにされ生贄にされたとしても。スローモーションのように落ちてくる一羽の鳥。鳥は落下しながら動いていない。微動だにしないものを見ている人がいる。こうして空間は決定される。真っ青な空、その湾曲した「下」が広がっている。

向こうに遠景が見える。中空を鳥が飛んでいる。今度は灰色の空、さらに濃い灰色の鳥。再び落ちてきた……一羽の……灰色の鳥。こうして言葉は連続性のなかに拉致される。視界のなかに動くものが現れると、遠景はぼやけ、風景は縮み、収束する。人はそれに気づくことなくすでに緩い遠近法のなかへ入っている。その後になってはじめて自分がそこにいたことがわかって驚愕する。

舞踏の風景に遠景は現れにくい。激しい動きがずっと続くからだ。しかし室伏鴻の踊りは、唐突で、激しい動きの後、突然停止することがある。遠景が思い出したように押し寄せ、近景に混じろうとする。風景があわててほんの少し身震いする。そうして室伏は遠景と近景のあいだを影のように過ぎる死体や木乃伊《みいら》を垣間見たのだった。ほとんど無為、何もしないこと。この不動性のなかにいれば、瞬時にその垣間見たものが自分に侵入するだろう。それは作品の外に出てきたものたちである。出羽三山の湯殿山から東京まで、空気が、こうして空間が裂けていく。不動性はこの亀裂のなかにあって、そこから這い出てくる。ベートーヴェンのピアノソナタA♭マイナーのように、厳格にして、それでいて静まり返った遠近法がそこに顕れるだろう。そしてそんな遠近法が出現するとすれば、この不動性によって舞踏の風景は決定される。世阿弥もまたこの不動を知り尽くしていた。彼はすばやい足捌きをやめた。歩くのがうますぎて、世阿弥はそれにうんざりしたのだった。

Ⅰ　動かないトカゲ

室伏鴻が言うように、身体のなかに、身体にとって、「外の思考」があるのなら、舞踏家はこのからだをどこへ連れ去ろうとしていたのでしょうか。

初期のアルトーを即座に理解した土方巽は、「肉体のなかに梯子をかけて降りて行く」と言っていましたが、このことは、アルトーの言う「思考の不能性」と深くむすびついていて、降りた先には、明らかに踊るためではなく、あるいは踊ることを思考するためではなく、踊らないということ、踊ることをすでに思考できないということがあったように思われます。身体のなかを身体によって掘り進むには、一度動きを止めねばなりません。身体の縁《ふち》をかろうじて示すはずのぎざぎざの痙攣はそこからしか生じないからです。この痙攣は無為すれすれのところにあって、それに接しており、無為が形として現れれば、その途端にそれにさらに穴を穿つものとしてあります。健康であれ、病気であれ、身体は、誕生と眠りと来るべき死の往還のなかで、動かないことを前提としています。だが生体としての身体にとってこの前提はそもそも不可能です。無意識をまとった肉体、無意識の組成と化した肉体はあたりかまわず動き回るからです。

いかにして肉体のなかへ降りて行けばいいのでしょうか。身体は動こうにも動けません。六百年前の暗黒舞踏家である世阿弥が、そうとは知らずに、土方の暗黒舞踏に与えたそれなりの強迫観念があったのでしょうか。かつては足さばきの早かった世阿弥。彼はそのことに辟易して、早く動くのをやめてしまったと述べましたが、そのようにして夢幻能は成立したのです。世阿弥の『花鏡』の冒頭近くに「心を十分に動かして、身を七分に動かせ」とあります。「立ちふるまふ身づかひまでも、心よりは身を惜しみて立ちはたらけば、身は体になり、心は用《ゆう》になりて……」。「用」とは、働き、あらわれのことですが、七分しかからだが動かなくても、心はさらにもっと現出するというわけです。そしてこの七分の動きの先には不動があり、動きはこの不動性に近づくことしかできません。

動きにおいてすら不動であること。だが意識的にしろ、そうでないにしろ、この強迫観念は暗黒舞踏を苦しめ続けたのではないでしょうか。土方の最も優れた弟子のひとりであった室伏鴻の踊りを見ていると、激しい動きのなかにすら、明らかに不動への渇望があったように思われるからです。そして不動性への予兆によって、できれば動かないことを感じることによって、身体は苦しまぎれに身体のまた別の次元を引きずり出し、そこへ出て行こうとするからです。別の次元とは、こういう場合でなければ、同時に歴史の別の次元を開示させるものであることは言うまでもありませんが、身体が政治のなかにあり、身体の政治があるのだとしても、政治によって踊らされてはならない。

すべてのものが兆し、顕現し、産出されるのは、たしかに自然のなかなのでしょう。身体の自然は自然そのものと同じように変化しつつあり、その変化のなかにしかありません。身体はそのままで別の自然の歪形を指し示し表します。自然はいっとき停止の憂き目に会うのです。「器官なき身体」、すなわちあるときは無機的な身体、様々な意味において有機体を形づくらないもうひとつの身体をわれわれがすでにもっていることは、アルトーとともに了解済みです。だが室伏鴻の踊りがわれわれに見せる身体には、さらにこの自然が「生まれる前のもの」、「生まれる前のものの苦しみ」があって、これこそが不動性への彼の渇望の中心にあるのだと私は考えています。

＊

「踊りとは命がけで突っ立った死体である」。この土方の教えは文字通りの意味で受け取らねばなりません。死体です。はじめに死体があった。死体はいまここで生きている身体とともにあった。そして身体は死体であり、死体は身体であった。死体であること、死体になること……。死体とは分身の抜け殻です。死体の振りをすることは、ここではそのことと矛盾しませんし、死体のほうこそが文化に形態を与えたのですから、それは文化的なものによって外から与えられる形の残骸、言うところの文化的形態とは何の関係もありません。室伏の回想によると、すでに子供の頃、彼は死体の振りをするのがとてもうまかったらしい。このことは舞踏家としてどうでもいいことではありません。

室伏は、出羽三山の湯殿山で即身仏の身体に出会います。鉄門海のミイラです。鉄門海はあるとき人を殺し、寺に逃げ込み、出家します。彼を慕って山を降りてくれと懇願する遊女に、切り取った自分の男根を与えて下山を断りました。彼の決意は揺るがず、彼は山にとどまります。その頃、日本中で地震が起こり、疫病がはやりました。病気平癒のために、彼は左目を自分でくりぬき神仏に祈願します……そして最後に死期を悟った鉄門海は木食の行に入り、即身仏となったのです。文政十二年のことです。われわれが見ることのできるこの即身仏とはミイラです。

しかし重要であるのは、この鉄門海が何者であったかということではなく、それがある決定的なイマージュ、質感も臭いもあるイマージュ、一個の生々しい分身の抜け殻を室伏にもたらしたということです。影は身体から出たり入ったりします。ここにもまた絶えず振動し、変性状態にあるもうひとつ別の身体、自然があって、身体の限界と不分明な境界を指し示しています。このミイラのからだはただ死んでいるわけではありません。それは同時にわれわれに、われわれの無にむかって贈与されています。無のポトラッチはじつに身体の次元においてこそ生起するのです。

「ミイラの即身成仏」(『室伏鴻集成』、河出書房新社) という文章のなかで室伏はこんな風に言っています。

崩折れる　瀕死の贈与と息の　非人称の　その外に　ひきつったまま身を横たえた
遠のいてゆくのか　近づいてくるのか
定まらぬわたしたちの無限定の境界の　螺旋上で
はじめて　私は　あなたの目を見た　はじめて　あなたは　私の目を見た

身体は贈与されたのですし、それがどんな風にあろうとなおさら定まることはありません。首はねじまがり、手は折れ、足は追放されています。室伏は言います、「肉体はここにあって、とどかない」、と。ジャコメッティのような画家にとっての対象との隔たりと同じように、同時に生起するはずのこの肉体の近さと遠さを、死んで生きることによって、この即身仏のミイラはすでにそれ自体のうちに含んでいたのです。舞踏にとって、踊ったり、踊れなかったりする肉体が近くにあり、同時に遠くにあることは、室伏にとってすでにわかり切ったことだったのではないでしょうか。

室伏は書いています。

どのようにして　こんな遠くまで
来てしまったのであろう
どうして　このような遠くまで
私の　もっと　近い遠くを
運んできてしまったのだろう
この問いを実現スルタメニダ

この問いが実現されるためには、したがってミイラの息が生きている身体に吹き込まれ、今度は室伏に乗り移らねばならないはずです。息が吐かれる。息が吸われる。きれいはきたない。きたないはきれい。近いは遠い。遠いは近い。そして、ここが重要ですが、この息からまたぞろ身体が出てくるのです。

この息からは何度となく新しい身体が生み出されるでしょう。古代ギリシアの哲人クリュシッポスが言ったとおり、「馬車」と言えば、口から馬車が出てくるように……。同じことは身体イマージュの位相でも起きています。気息から新しい体が生まれる。素晴らしい眺めです。蛇足ながら、日本の仏像にも、口から外に人がぞろぞろ行列しているものがあったではないですか。

舞踏家にとって、だからうまくいけば、ということは踊らない、踊れない踊りとともに踊りを踊るならば、身体は身体から抜け出すでしょうし、身体は身体から出てゆかねばならないのです。どうやら「身体の身体」というものがあるらしいのです。これは、例えばミイラのかそけき息によって身体はさらに別の身体をもつことを暴露されるということです。幻影は大挙して押し寄せるが、それを朝も昼も晩もよく見極めなければならない、と室伏は言います。身体は動き動かない。これもひとつの立派な幻影です。ただ抜け出すことができるだけです。「身体の身体」、「身体から抜け出す身体」は、だからこの動かない身体にだぶってきます。遠景は近景にだぶってきます。身体と「身体の身体」は普段は重なっているが、そいつはじょじょに滲み出し、あるいは一気に外に出て、われわれをなぎ倒すはずです。

*

メキシコはアントナン・アルトーの人生においてある転機を迎えた地でした。ここメキシコの地にかつてアルトーがやって来たとき、彼はいったい何を見て何を知ったのでしょう。彼が見たのは「記号の山」だけではなかったのです。

> 肉体の支配は、そこで相変わらず続いていた。私の肉体というこの災厄……二十八日待った後でも、まだ私は自分に復帰していなかった。——自分のうちへと出てゆく、というべきか。私のうちへ、この損傷した地質学的断片、この脱臼した寄せ集めのなかへ。
>
> （「ペヨトルのダンス」）

私のうちへと出てゆく。「外」はいたるところにあったのだし、身体自体がすでに「損傷した地質学の断片」でした。「外」とこの地質の間に損傷した身体がありましたが、だからアルトーが言うように、われわれは身体のなかへ出てゆかねばならないのです。これは別の言い方をすれば、事物の外部、身体からなる「外」、目に見える外部ではない外の内へと出てゆくということです。

アルトーはずっと後になってこの経験について再び述懐しています。

私はまるで十年前から記憶をとどめているかのように、遥かな昔の時代にいたるまで過去の自分の人生にかかわる思い出をつねに取り戻していたわけではなかった。

そしてメキシコの高い山岳地帯において、一九三六年の八月か九月頃に、私は完全に自分を取り戻し始めたのだ。

私はひとつの徴をもって、つまり三本の釣り針のついたトレドの一種の剣をもって、タラウマラ族のもとへ登っていったのだが、その短剣はハバナの黒人の呪術師によって教えられたものだった。

そいつがあれば、と彼は私に言った、あなたは中に入ることができるだろう。

だが、私は中に入りたいなどとは思っていなかったのだ。

ところで、何かを見るためにどこかへ向かうとすれば、それは所与の、だがそのときまでは閉ざされていた、予想外の世界のなかに入るためであるが、

これは私が事物について抱いている考えではない。

私にとっては入ることではなく、事物の外に出ることが問題なのである、

ところで、身をひきはがす者がいるとすれば、それは恐らく入ったり、出たりするためだが、しかし何かのなかで、ここを去って、別の場所に消えるためである、

溶けて、他処から解放されること、

溶けてしまわないこと、だが、どこでもない場所で解放されること、

もはや知ることなく、

実在してしまうことを断念すること、
それならもはやけっして苦しむことはない、
選択肢は無数にあって、もはやそうではない、
それぞれの宗教と個人には自らの選択肢がある、
ところで、そういったことはどれも馬鹿らしい。

（「アルトー・モモのほんとうの話」）

タラウマラ族のもとで過ごした数日間は、人生のうちで最も幸福な三日間であったとさえアルトーは言っていましたが、山岳地帯のアルトーにとって身体はすでに錯乱したお荷物でしかありませんでした。そしていま引用したとおり、アルトーのペヨトル体験は、「外」、あるいは自分自身のなかへ「出てゆく」という点で、例えば、ミショー、カスタネダ、ヒッピーたちのペヨトル体験とは異なるものだったと言うことができるかもしれません。ペヨトルによって、ヒッピーたちは自分のなかへとわけ入って、「意識」を拡大できると考えました。アルトーも我々も中に入りたいなどとは思いません。「記号の山」があまりに強力なので、彼らは自分のなかに逃げ込むしかなかったのです。アルトーの場合、むしろ「意識」は縮小されるように思われます。自分の中ではなく、事物の中ではなく、外へ。しかもアルトーが言うように「それはやすりにかけられる」、と。道を指し示すのはけっして意識ではなく、アルトーや室伏が言うように「外」と混じってしまう身体の縁なのです。

自分のなかに入り込むのではなく、身体についての意識を拡大するのではなく、「自分のなかに出ていく」ことをアルトーは実感として知っていました。麻薬の経験によってのみそれを知ることができたと考えるべきではありません。麻薬の力がそれに何らかの効果を及ぼしたのだとしても、それは端緒であり、

そこにはまず「思考の不能性」と、役者として、そして生身の身体として、どうしようもないアルトー自身の身体があったのです。土方巽がとても早い時期にアルトーに強い関心を抱いたのは、彼もまたそれを実感として、動かし難い直感として知っていたからだと思います。

＊

室伏鴻は亡くなりましたが、彼の舞踏の身体が滅びることはないでしょう。

彼のからだを思い浮かべるたびに、私の眼前に一匹のトカゲが現れます。壁の暗い裂け目から出てきたばかりのトカゲは、陽を浴びた日時計《サンダイヤル》の上でじっと動きません。陽だまりで林檎が腐るのを尻目に、トカゲは微動だにしない。トカゲが干からびてしまう前に、われわれはここを立ち去らねばならなかった。静寂、錆びた鉄、ブロンズ、乾いた大気、反射する鱗、粘液が見える。トカゲはさっきまで闇を食べていたところなのです。

悪魔の陽のもとにまで旅をしたのは誰だったのでしょうか。強い日差しの下で、大地は赤く燃え上がり、トカゲは灼熱の地面に横たわった私をじっと見ています。

トカゲは言います、

「おまえは誰だ？」

メキシコにて

II　身体から抜け出す身体のほうへ

私の印象はこうです。室伏鴻の静止した肉体はとても美しく見えます。吉田一穂の『海の聖母』という詩集のなかの言葉を借りて、室伏のことを日時計の上でじっとしているトカゲだと言いましたが、さっきまで闇のなかで動いていたこのトカゲは、今は陽を浴びてついさっき死んでしまったようにじっとしているのです。

だから私には、再度言うなら、まるで舞踏家は思考の外で一度ならず動きを止めなければならないかのように見えるのです。身体から身体が抜け出すためにです。

どのようにして肉体のなかに降りて行けばいいのでしょうか。身体は動こうにも動けません。一方には、土方巽の語る子供時代の風景があります。田んぼでイズメのなかに閉じ込められた赤ん坊の手足がります。長い間そこに入れられ硬直して動けなくなったあの赤ん坊のからだがあるのです。それが舞踏家をいまでも責め苛むのでしょうか。たぶんこのことは土方巽にとって決定的な出来事だったのでしょうが、そんな記憶のなかの身体は、今ある身体のなかにねじ込まれたかつての身体だったということなのでしょう。

しかしはたしてあの時、また別の時にはぐれてしまった肉体を探すことだけが舞踏なのでしょうか。それなら東北のあの世へ身体を探しに行かねばならない。少なくとも室伏のダンスからはこの土方の子供時代、イズメのなかのねじ曲がった手足は見つからないのではないか。ともあれ舞台でそれを感じ取ることはできません。室伏鴻の出発は、「ニーチェのダンス」であり「ランボーのダンス」であったと自ら述べています。それにしても何という違いでしょう。もてあました彼の若き身体は新宿にゴーゴーを踊りに行ったりもしていたのです。それともすでに述べたように、六百年前の暗黒舞踏家である世阿弥が、そうとは知らずに、土方巽の暗黒舞踏に与えた逆立ちした強迫観念がすでに動かし難いものだったということなのでしょうか。室伏もまたそれを受け継いだのでしょうか。私は世阿弥のことも同じようにしか、一種の暗黒舞踏家としか考えられないからですが、前々から世阿弥のすぐ次に土方巽が来たのだと考えていました。

だが意識的にしろ、そうでないにしろ、動きにおいてすら不動であるということがあったのだとして、この手強い強迫観念は、すべての舞踏家の意識の外で暗黒舞踏の縁を擦過したのではないでしょうか。少なくとも別の動き、動きを止めるかもしれない動きをからだの外に引きずり出さねばならなかったからです。室伏鴻の踊りを見ていると、激しい動きのなかにすら、明らかに不動への渇望、動きの外にある動き、動きの外に出ていこうとする動き、つまり動きながらの不動性があったように思われるからです。不動性への予感によって、震えによって、激突、痙攣によって、動かないことそれ自体によって、身体は苦しまぎれに別の次元に出て行こうとするかのようです。その果てに動かない身体があるのです。これは絶対に様式などにはなり得ないものです。

健康であれ、病気であれ、身体は、誕生後の眠りと来るべき死のなかで、動かないことを前提としています。われわれ全員が死体の次元をまるで未来の妄想のようにすでにからだのなかに持っているからです。注連寺のあの即身仏、鉄門海のミイラが目に浮かびます！　だが生体としての身体にとってこの前提はそもそも不可能です。無意識をまとった肉体はあたりかまわず動き回るからです。そわそわと動き回るからです。われわれは記憶の動物です。普通に歩いたり、走ったり、食べたり、たぶん泣いたり笑ったりするのも、誕生してほぼ最初の動体記憶というか、運動記憶によるものなのです。

別の身体の状態、通常の身体の変性状態、それは必ずわれわれ誰にでも訪れます。われわれの身体は衰弱し、病んでしまうこともあるからです。今年の冬から春の終わりまで、病床の母の状態をずっと観察していました。私はずっと親不孝者だったので、せめて最期だけは看取ろうと考えていました。母は重篤でした。しかしほとんど動かなくなった身体のなかでも様々なことが起きていました。からだが描く稜線はかすかに振動する山並みのようにつねに微動を繰り返していました。寝返り、咳、ほとんど無意識の痛みによるヒステリー・アーチ（ゴダールの映画『マリア』のなかで、ベッドの上でからだをよじっていた妊娠した聖母マリアを思い出してください）、不快感による小さな動き……。もちろんそれは土方が言ったような意味での「衰弱体」の諸様態のようなものであるのでしょうが、普通にこれが生体的には病んだ身体の最後の姿であるのかもしれません。

しかし死はどこにあるのでしょうか。病と死はまったく別のものですし、似ても似つかぬものです。死が生を終わらせるものであるなら、病も終わらせるものです。そして身体と生命もおそらくまったく別のものであると思いますが、身体の衰弱がほんとうに生と死のせめぎ合いによるものなのかどうか、私にはわかりませんでした。生命と死がそこでどのように区別されるのか、死の床にある母の姿を見ていて私にはまったく理解できなかった。死がどこで生命とすり替わるのか、死がいつなんどき生に襲いかかるのか、などという問いの立て方はそもそも全部間違っているのかもしれません。

そして彼女の現働態にあるからだは、生というか死というか、それらのものとともに彼女の内側にも外側にもありました。内側の身体、外側の身体です。それは間違いありません。誰が見ても、こうして病は実現されたかに見えました。でも私には、病んだ母の身体からもうひとつ別の身体が出ていこうとしているかのように思えたのです。

それはそうと、哲学者の江川隆男が言っていることですが、「身体の身体」というものがあるようなのです。この概念を適用すれば、舞踏の最初にあったのは、身体によって「精神のうちに外の思考を発生させる要素」、身体の隠れた、知られざる力能であり、これはこの身体であると同時に「身体の身体」によるものでもあるのです。たしかに身体から身体が抜け出すためには、身体の身体がなければなりません。これは実に都合のいい、というか、新しい概念だと思います。スピノザ風に言えば、身体の延長としての身体。だけどスピノザに反して言えば、これは「まったく別の身体」でもあります。ここからアルトーの言う「器官なき身体」まではそう遠くありません。

ところで、二十世紀は、手当たりしだいに、そしてもうそれしか残されていないかのように、「存在」と「身体」の思想を探し求めましたが、それにはある意味で、当然のことながら歴史的条件が裏地のようなものとしてあったのだと考えることができます。一方では、十九世紀に名乗りを上げた医学的知見の爆発的進化の世紀、他方では、大量殺戮の世紀。その「後」をわれわれは生きています。短時間のうちにあれほどの死体の山が築かれたことはありませんでしたし、無意識と遺伝子は、瞬時にして大量生産される夥しい数の死体とほとんど対になっているかのようでした。ご存知のように、無意識も遺伝子も死体も、「人間」についてのそれまでの観念にとって完全なる他者でした。この点は重要であると思います。そもそも病んだ身体も健康な身体も死んだ身体もまた、われわれにとって他者であるからですが、無意識や遺伝子や死体となった身体はなおのことそうです。

しかし歴史的条件というものは、ご存知のとおり、たいていがほとんど負の遺産ですが、哲学者たちの頭のなかに、「存在」の後に、決まって再び「身体」が到来するというのはじつに奇妙なことではないでしょうか。そうであれば十七世紀にスピノザとボシュエが語っていたことは、所与の条件などではなかったように思われます。スピノザは「われわれの身体の能動と受動の秩序は、本性上、われわれの精神の能動と受動の秩序と同時である」、と言います。本性上、身体と精神は相互依存しないのです。蛇足ながら、これは心身平行論と呼べるものであるのでしょうが、まあ、それはここではどうでもいいでしょう。

一方、ボシュエのほうは、『死についての説教』のなかで、「死体はいかなる言語のなかにも名前を持たない」などと言っています。小野小町九相図などの日本の古い絵巻物にもあるように（たしかにそれぞれの死体の状態には、古代中国や日本では、名前がついているとも言えますが、すべての状態を示す言葉は「死体」以外にありません）、死体もまた刻々と変化し、腐って、骨となり、最後には塵になるからです。元の身体はどこに行ってしまったのでしょうか。われわれはほぼそこから一歩も抜け出せないままですし、そこにあって、スピノザとボシュエからあらためて一歩を踏み出さねばならないままであることはご承知のとおりです。

スピノザの面白いところは、この心身平行論から、「身体は身体にしか関わらない」ということが帰結されるところです。つまり身体と精神は存在論的には同等であるということです。これは中世スコラ学の神学者、ドゥンス・スコトゥスによる「存在の一義性」の考え方の発展形であると考えることもできますし、先ほどの江川氏によるなら、アルトーの「器官なき身体」もこのラインにあるものだと考えることができます。そして誤解のないように急いでつけ加えておくなら、いくら身体のあるところに精神が発生するといっても、「身体から抜け出す身体」は「精神」とは似ても似つかぬものであることを強調しておきたいと思います。

少しだけついでに、若い頃の室伏さんに、そしてその後もずっと彼に影響を与え続けたアルトーのことに触れておきたいと思います。アントナン・アルトーは、どこで、どのようにして、どこから「身体」を発見することになったのでしょうか。彼の生涯の記録や証言を繙けば、いろいろと思いつくことがあります。彼の「病」、思考の不能性、分裂症、パラノイア、麻薬、エスニックな旅を含めた外への旅……。しかしアルトーの血の滲むような「発見」へといたる経験、あの身体における「場所と公式」の問いは、アルトーのいわゆる精神病の「病跡」を軽々と超えてしまっていると私は考えています。

結論を先に言うと、精神病者、分裂症者として精神病の「病跡」を超えるには、アルトーの「身体」はアルトーの身体から外に出てゆかねばならなかった。極東の地で土方巽のような人物の心を動かすことができたのはまさにこの点ではなかったでしょうか。アルトーは自分の「存在」と「言語」にまるで拷問を加えるようにして書きました。晩年の彼の手記『カイエ』を読むとそのことに特に注目せざるを得ません。言語はハンマーで殴られ、叩きのめされ、分断され、切断され、解体され、砕け散り、断絶し、別のからだのなかに分娩され、彼独自の身体の叫びと化しました。

だがそれはただちに別の意味を帯びます。アルトーにとってこの「書く」ということが「生きる」ということとほぼ同義であったことには大いに注意を払うべきでしょうが、それが彼の「病跡」を超えてしまっているだけではなく、このことは優れた幾人かの詩人や作家においてすでに見られたことであると言っていいと思われます。しかしアルトーがとりわけ特異であるのは、言語と生、形式と内容の一致が、ある種の身体のテクノロジーのようなもの、身体におけるある種の「公式」によって鍛えられ、それを原理としていたように思われるところなのです。この「公式」にはアルトー自身の長い苦難の歴史が関わっています。再び誤解のないようにつけ加えておきますが、このことは芸術や文学の形式や形式化とは何の関係もありません。そしてそのことがどうして舞踏家たちの琴線に触れないわけがあるでしょうか。優れた舞踏家はダンスの「技法」ではなく、どうしても不可能な「身体のテクノロジー」のようなものを意識せざるを得ないからです。

アルトーのこの「公式」は、同時に、つまりアルトーのあらゆる「分裂」と同時に、彼の役者・演劇理論家としての経験、彼の「演劇」についての観念のなかにすでにあったのではないかと私は考えています。彼の生涯の中期において、つまり演劇理論書『演劇とその分身』や歴史小説『ヘリオガバルス あるいは戴冠せるアナーキスト』のなかにそれを見て取ることができます。おまけに何と、これらの特異な本はそれ自体が役者の身体に対して要求された戯曲のようなものなのです。

アルトーには、外で起きている動乱、混乱、革命の秩序（アルトーは面白いことに「革命の秩序」と言っています）、天変地異等々は、同時に役者の身体のなかでも起きなければならないという確信と信念がありました。アルトーには精神病院への監禁という凄まじい日々があったのですが、そこにいたアルトーの身体の内部で起きていたことと、ヨーロッパにおける第二次世界大戦の推移が同時に起きていたことは、まさしくこのことを示してあまりあります。

そして例えば、『ヘリオガバルス』というローマの少年皇帝についての本のなかで描き切ったように、すでにローマ帝国の歴史の破綻は演劇の破綻であり、身体とともにあるほかはない演劇の破綻は、身体の横断であるほかはない歴史の破綻であって、それ自体が、アルトーが考え、提唱し、熱望した演劇であり、彼の言う「残酷の演劇」であることに留意すべきなのです。アルトーの演劇の最初のイメージがペストやルネッサンスの終末的絵画のなかにあったこと、アルトーの演劇が「失敗」だったと伝えられていることは、偶然ではありません。

アルトーの芝居を見た者は日本では寺山修司を含めて誰もいません。だからこそ、ある意味で、土方巽や室伏鴻を含めた暗黒舞踏あるいは舞踏は、このアルトーの「失敗」から出発したのだと言うことができるでしょう。舞踏家や役者たちは「演出」ではなく、「演出がほぼ不可能となる地点」において「身体のテクノロジー」に対峙せざるを得ないからです。

ところで、室伏鴻の言う「外の身体」とはなんなのでしょうか。結論から言えば、外の身体とは、瞬時に現れる身体の身体、何度も言いますが、身体から抜け出した身体であると私は考えています。それが彼の言う「ダンスの外に、踊りの外に出る」ということではないか。そして先ほど述べた重篤な状態に陥った私の母の身体ではないですが、少なくともこの身体から抜け出そうとしていた身体は、明らかに生きていると同時に、しかしながら死を内包し、未来の死を体現するものなのです。

そして室伏鴻が語り、踊ったミイラは、これに新しい次元をつけ加えていると思います。室伏は子供の頃、死んだふりをするのが得意だったそうですが、無論、このこともミイラや彼の修験道と無関係ではないと思います。修験道もまた一度死んで蘇るあくまでも身体的な体験だからです。死が身体に教え込まれるのです。

室伏鴻のダンスは、動かない舞踏です。激しく踊っているとき、優雅に踊っているときでさえ、そうです。ここにはなんの矛盾もありません。なぜなら動いている身体は別の無数の身体からなっていて、これもまた身体から抜け出してしまった身体であるからです。その身体は動かないのです。これが死体に近いものなのかどうかここで即断することはできませんが、彼がいつも死の方向に、身体の死の方向に、即身仏のミイラを含めた死体の方向に、自分の身体を意識していたことは間違いないでしょう。そしてそれが室伏さんの身体の思考に独特の哲学的次元を与えていたのかもしれません。

彼の舞踏の身体は石になったり、岩になったり、金属になったりします。死体になったり、そう言ってよければ、ミイラ、時間の外にあるミイラになったりもするのでしょう。矛盾したことを言うようですが、なぜか生きているブロンズ像を思わせたときもありました。それは同時に死のブロンズ像なのです。そしてこれは彼の身体が非人間的な動物になったり、赤子になったり、トカゲになったりするのとまったく同じことなのです。

私の言いたい「身体から抜け出す身体」という考えもまた、もともとは直接土方巽から来ています。『病める舞姫』のなかで土方はこう言っています。「もう一つのからだが、いきなり殴り書きのように、私のからだを出ていこうとしている」。なぜ殴り書きなのか？　なぜなら出て行く身体は、あるときは痙攣であり、あるときは震えであり、もとの身体にダブったり、ずれたり、再びはぐれたり、病んだり、あるいは突然死んだりするからです。そこにどんな身体のプランもない。殴り書きです。それは、最高の形においては、優れた能の演者のかすかな動きと同じように、室伏の言葉を借りれば、「大挙して押し寄せる幻影」からふるい落とされた動きであり、その動きを排そうとする一種の動きつつある不動性なのです。

「身体から抜け出す身体」というテーマは、すでに私自身の身体のなかにも巣食っています。すでにこのテーマで何度か書いたことがありますし、このテーマが私から消えることはないでしょう。これは何と言っても、かつて土方巽や室伏鴻の踊りが無言のまま私にそっと伝えてくれたことなのです。これは私にとって秘密の言説、つまり一種の強迫観念に属するものかもしれませんが、じつは私自身、自分にとって他者であるほかはないこの身体をどうにかしたいと思っているからなのです。

山形にて

（二〇二一年三月）

21　外は遠い──上演されなかった室伏鴻「真夜中のニジンスキー」をめぐって

住宅街のなかにぽつんと空き地があって、草むらになっていた。山鳩がどこかでくぅーくぅー啼いている。山の匂いがここまで漂ってくる。このあたりの山麓には古代の巨石群がいくつかあるのだし、かつてここに古墳でもあったのか、草ぼうぼうのなかに打ち捨てられた石棺のようなものがある。何の保全もされていない石棺をいつもは訪れる者などいないのに、半分だけ土に埋まり半分だけむき出しになった石棺の残骸の上に男が腰かけていた。男の肩から緑色の大きなカメ虫がやにわに飛び立つのが見える。草には牧神の午後の光があたって反射し、照り返しのなかから、さっきの山鳩だろうか、鳥らしきものの影が飛び立った。静まりかえった草むらは目が眩んだように一瞬だけ一面灰色になったりしたが、男は苔むした石棺の上で全身緑色に染まっていた。

「あの男、さっき草むらのなかで踊ってたの見たか？」

「いいや」

「あいつはエイリアンだ、たぶん」
「ブロンズの鎧をまとった緑色のエイリアン……」
「僕は冗談を言ってるんじゃない」
「今は座って新聞を読んでるじゃないか」
「新聞くらい読むさ」

陽が斜めに少しずつ翳り始め、眠気を誘った午後がもう終わろうとしていた。今日は暑かった。朝の冷気のなかでさえ草むらの牧神は軽やかな肉体をもはやそこにいない者に与えたりはしない。石棺のなかに自分を埋葬するという弔いの話など昔のことだ。葬列は過ぎ、跡形もなかった。だが草むらには水たまりのようにちっぽけな永遠がある。水たまりには空が映っている。大気のなかでかつてあれらの瞬間が弧を描いたように、そこで何かが勝利したのではなかった。偶然どこからか落ちてきたものがあっただけである。だがこの水たまりの上にやがてそっと夜の帷が降りるとしても、永遠は石棺の上に座る男を彼自身に変えることはないだろう。真夜中になると石棺はどうなってしまうのだろう。見ると、もう男の姿はなかった。

マラルメの作品自体としてこれほど隔たったものはないのに、舞踏家室伏鴻にとってマラルメの「牧神の午後」から「イジチュールまたはエルベノンの狂気」の「真夜中」まではさほど遠くはない。十五人のダンサーたちは真夜中直前につどったが、室伏は時計の針が真夜中ちょうどを指したそのとき体の動きを止めた。あたりを深更の静けさが領する。あらゆる物が静止する。この静寂は墓からもたらされたのかもしれなかった。室伏は思考をへし折った。お前たちは牧神の午後のニンフたちにけちをつけた、彼はそう思ったが反論しなかった。俺の体こそが石棺である。儚《はかな》いとは「墓ない」ことであり、この体が墓である。室伏は発狂するかわりにそんなことを書いていた。幾度となくそのようなシーンを彼は舞台の上でつくったのだった。偽りの理想がある。吐き出された息が見える。何と牧神は醜いことか！　マラルメもドビュッシーも、ニジンスキーの舞台の上での屹立とは何の関係もない。古代の夢を愛したのではなかった。重苦しい陶酔は終わった。静寂につつまれ、音も立てずに、笛の筒のなかを夜の微風が通り抜ける。誰もそれに気づかない。室伏はだからここから出てゆかねばならないのだ。

ニジンスキーには回転があり跳躍があった、と室伏は言う。室伏は身の底から思わぬときに顕れる痙攣についてずっと考えていた。それは身体の流儀を超えるものである。舞台の上でも室伏は痙攣のエキスパートであったし、ゆくりなくもそれは舞踏家としての彼の矜持であった。痙攣は回転とも跳躍とも違う。ニジンスキーには痙攣がなかった。もし身体の底に痙攣がひそんでいたなら、ニジンスキーは精神病を免れただろう。病院をたらい回しにされることはなかっただろう。ニジンスキーの「牧神の午後」のスキャンダラスな自慰のシーンにも痙攣はなかった、と室伏は言う。射精へのいきさつなど誰も見たくはない。精神の射精などというものはない。舞台の上でならなおさらである。その点でロシア・バレー団と同じようにドアーズのジム・モリソンも下手をうったのだった。まだ若いロックミュージシャンであった彼はステージで自分の性器をつかみながらそのことに思い至ることはなかった。激情は痙攣ではなく、自慰は痙攣ではない、室伏は何度かそう言って怒りにとらえられた。偽の射精があるのだと室伏は言う。思いのほかダンスには弛緩する瞬間がある。だらしがないあまり舞台の上で埒が明かなくなる。暗黒舞踏の身体はうろうろするばかりである。

ニジンスキーは自分は動く人間であって動かない人間ではないと宣言し、舞台で踊るときそれを自負していたが、室伏は舞踏が動かない、動こうにも動けないものであることを知っていた。ニジンスキーは怒り狂った老嬢のようなディアギレフに悩まされ、彼が自分を破滅させるのではないかといつも恐れていた。ニジンスキーはディアギレフの真っ黒に汚れた枕カバーと二本の義歯を嫌悪した。彼は自分は間違いを犯し、一生かけてそれを正したのだと言う。ニジンスキーは優柔不断な上に不幸であったが、室伏のほうは苦悩のなかでさえ不幸を願ったのではなかった。狂気の発作の合間にニジンスキーが手記を書いていたとき、死の気配が漂ってくることを自分でわかっていた。だが狂ったニジンスキーはベッドの王様となってそれから三十年も生きることとなった。室伏のほうは踊るために空港へと赴き、その踊りのようにそこでばったり倒れ、そのまま心臓が停止した。ニジンスキーが自分で言うには、裏口から外へ出て行きたかったのだ。それはほんとうだった。そうでなければ手記など誰も書かないだろう。神がそう命じたのでニジンスキーは手記を書き続けたが、外に出て街頭に行くことができるなら、歩いて高い場所へ辿り着き、そこから下を見下ろしたかった。それがかなうときには、すでに外は真夜中になっていただろう。

室伏鴻は「真夜中のニジンスキー」を企画し踊ろうとしたが、彼の突然の逝去によってそれは果たせなくなった。疲労困憊の果てに室伏がたどり着いたのは、誰も見たことがないニジンスキーである。最後のニジンスキーは真夜中にしか棲息することができなかった。アルトーは作曲家エドガー・ヴァレーズと組んでオペラを画策したことがある。アルトーが精神病院に監禁されたためだったのだろうか、オペラは実現せず幻となった。二〇一五年十一月、パリのラ・ビレットで初演予定であった室伏の「真夜中のニジンスキー」はどのような舞台になっていたのだろう。それを想像することは我々には難しいが、私は彼の身体が、激しい動きや伐倒の後、「石棺」になるところを思い浮かべることができる。墓場はなく、ただ草むらにひっそりと石棺がある。知られざる石棺は真夜中の静けさのなかに置かれているばかりではない。

石棺自体が真夜中となったのだ。身体には縁《エッジ》があるが、室伏鴻はこうして自分の身体の上に悠然と腰かけている。ニジンスキーはベッドの上でもう動けない。かつて舞台でそうしたように、手のひらをひらひらさせるばかりである。

（二〇二一年六月）

22　真夏の吸血鬼――裸のラリーズ　水谷孝

裸のラリーズはひとつの純粋言語であった。夜よりも深いところに絶妙のタイミングが待っていた。水谷孝はそれを知っていたし、猟犬のようにそれを狙っていた。音楽がいつ始まっていたのかは誰にもわからない。漠然としたその印象はラリーズの最初の言語をとり巻く時代状況にも由来したが、しかし水谷の声にとって予備の音階は必要なかった。たしかに始めに言葉があった。言い換えれば、水谷孝にはもう言うことが何もなかったということなのか。

夜よりも深く、闇よりも暗かったのは、真夏の白昼の大通りである。最初にわかっていたのはそのことだけだ。誰もがそれに注意を払ったが、すぐに忘れてしまった。そこにはハレーションによって露光した写真があった。ほとんど何も写っていない。我々は暴動を起こした。でも写真だった。記憶の電光案内板はまっ黒に焼け焦げていたし、ブレ続ける真昼の闇を見きわめるには一瞬の閃光では足りない。音が聞こえたとき、シャッターを押した。フィルムはこちらの身体の側にある。我々の身体なのに、身体はそもそもここでは不可能である。それは半分言葉でできていたからだ。目は見えない、耳は聞こえない、口はきけない。当然である。すでに気分が悪い。吐きそうだ。さっき飲み干したのはローダノムの最後の一滴だった。

そうは言っても、古代ギリシアの神々はとっくの昔にフィルムのなかで変身してしまっていたではないか。神々は不幸を運んだ。それはわかっているし、写真にも写っている。本のなかの教えもそう語っている。神々によって不幸がうやうやしくこの世に伝染したのだ。我々が感染したのなら、吐いている場面も、あるいは死にかけている場面も写すことができたはずである。だけど何枚かの写真にはキムメリアの里が逆さまに写っていた。風景が逆立ちしたのであれば、映像の意味はさらに苦痛を帯びるに違いない。洞窟があって清水が流れていたはずなのに、水が涸れている。この世には存在しない黒いグロテスクな罌粟《けし》の花が咲いている。写真のなかに何かがそっと舞い降りる気配がする。夜の神なのか。そいつは眠りの神だ。これがもぞもぞ蠢き始める。この神は不眠のせいで気が狂っているのか。こいつの手によって眠りが白い粉のように我々の頭上に振り撒かれたのはわかっている。世界がまっ暗になった。カメラが壊れた。だけど現像されなかったネガの暗闇のなかで我々はいったい何をしていたのだろう。いまでもこの大音響の写真のなかに小さな音がいっぱい聞き分けられる。雑音だけではない。シャッター・チャンスがもたらしたのではない。書かれなかった言葉の木霊が古い壁の向こうに激しく跳ね返ったのだ。三重にも四重にもなって。それが聞こえなかったのなら、私は木霊《こだま》を谺と書くべきだったろうか。そこにはいかめしい谷があったはずなのだから。

役者たちは舞台から立ち去らねばならなかったが、水谷孝はあれらの役者の一人ではなかった。舞台の上で聖務日課のように確かめられたのは俳優たちの科白の混乱でしかなかったが、ただただそこでフェードアウトしていく時間の経過は見ていて素晴らしい。舞台の上でそれを測ることはできないからだ。しかもフィードバックの後には何も残らない。ほら、役者たちを置き去りにして、時間が過ぎ去るのを見ている。時間が落ちつきのない子供であるように、音楽はこのままある目的へ向かって集中していくようで、ひとたび頂点に達すると、逃げた音は爆音のなかに拡散していることがある。はじめ「それ」は絶えず外へ出ていこうとした。我々はさんざん彷徨《さまよ》った。だがここで聞こえ始めていた幾つかの音そして言葉は、たとえ茫漠としたものであろうと、拡散もせず、もはやありえない内側へ向かうしかないように思える。海のなかに流れ込み、海のなかに別の窪みをつくる血の海のごぼごぼいう音が聞こえるようだ。それを写真に撮れば、こうして集中のなかに拡散するものが二重写しになる。だがこれは写真であってもう写真ではない。

そしてこんな写真には内側がどこにも見当たらないのだから、海がいくら荒れていようと、音は音のなかに閉じこもろうとするだろう。でも音楽にとって、歌にとって、そんなことは無理な相談だ。だから海のなかにいつの間にかカテドラルが聳えていたりする。爆音とノイズによるカテドラル。我々は分別なしにこの円蓋に閉じ込められた。人はそのなかにいる。人はそこに立っている。何が見える？　いつもは盲目である目にとって、この音のカテドラルはどんな色調を帯びるのか。赤？　黄色？　灰色？　黒？　電気ギターの弦が火花を散らし、火花によって水のなかにどんな叫びが描かれたのか。それともそこにあったのはあれらの石だけなのか。それは音でできた裏返しの彫刻だったかもしれない。ラリーズのコンサートで、私はこのカテドラルのなかにいたことがある。そして拡散と集中が、夜と暗黒が、海と血の海が、こうして統一される。たとえ照応するものがすでになかったとしても、誰かが言うように、我々は獰猛なまでに宗教的であるからだ。

最初に名づけられた名前によってこの統一が可能になっていたのだろうか。たしかに音楽だけでは、演奏するだけでは、この統一はありえなかった。でもこの統一のなかでいまだに分裂した名前が彷徨ってい る。中間層を漂うものがある。昔々あるところに、大いなる復讐があった……。指と指の間に血の海が拡がるのを感じるように、深淵は愛おしい。俺はお前に敬礼する、老いたる名前よ！

いつかの夏の盛りだった。唇を血でまっ赤に染めた蒼白い男は銀座のイエナ書店から出てきたばかりだった。真夏の炎天下。古い肖像写真。黒い革ジャンと革パン。実はついさっき我々は道端ですれ違ったところである。

（二〇二三年二月）

23　裸体——写真家中村趫のために

まだ破滅していない。密会の部屋の曖昧さ。中間層を漂うものがある。遠くの目が霞む。赤裸の心がどこかにあるのだから、女たちはずっと愛撫を交わしている。赤裸の心を見つけ出せるのか。柔肌の上に夜がそっと降りてきた。ほんの少しだけ隠微な肌の上に。汗ばんだ乳房の上に。乳首と、小刻みに震える太腿の上に。ストッキングや下着を脱がす前の、不可思議な尻の上に。手袋の上に。頸《うなじ》に。唇に。彼女が土管のなかで瀕死の土竜《もぐら》のように放心した夜。彼女が暗い沼のそばまで連れ去られた夜。あの闇。あの鮮血。あの静寂。鬱蒼たる森の奥が見える。謎めいた、湿った淫部。女たちの愛撫はいつまでも続いている。

彼女たちは夜盗のようにしてこの部屋までやって来た。壊れた耳のなかで囁き声がする。そんなものは私の忘却の窪みにすぎない。昨日の一瞬の眩暈《めまい》に違いない。暗い階段があって、粗末な木の扉まであと数歩だった。抜き足差し足、薄暗い階段を昇った。息を殺し、足音は立てず、影だけが長く伸びていた。漆喰の壁に耳をつける。女たちのかすかな喘《あえ》ぎが聞こえる。鍵穴から覗くと、大きな鏡がテーブルの上に置かれ、鏡の表面に一本の白い粉の筋と散らばった粉が残っているのが見えた。私は昼間の青空を思い出す。空の下の猥雑な街、そいつは一回転した。だがすべてが遠い。目が裏返る。ここでは秘密の言葉が囁かれているのに、よく聞き取れない。それとも、かぼそい声とともに犯罪が行われているのか。何なのか。赤裸の心だと？　くぐもった小さな音がずっとしている。別の部屋のラジオから漏れ聞こえるレクイエムだろうか。性交のさなかの渦巻。異教の女たちのような合唱。復讐の女神、その音の帷《とばり》がある。振動しながら薄い層が重なる。もう中間層はない。かすかにキリエの歌声が愛液の霧のなかを漂っているらしい。「主よ、憐れみたまえ」……

光を厳密に観察しなければならない。写真の光はどこからやって来るのだろう。光自体が原因であるのだから、絵画と同じように、やはりここにも光源はない。それなら光は裸体からやって来るのだろうか。だが光がかいま見えたとしても、光のなかで裸体を所有することはできない。たとえ明るさのなかにいたとしても、撫でたり掴《つか》んだりすることさえ無理だ。光の肉があって、あたりに腐臭がすれども、この肉が腐ることはない。腐るのはむしろ赤裸の心である。写真はそれを写し出すかもしれない。女たちが死んでいたのだとしても、裸体があった、裸体がある、そして裸体があるだろう。裸体は形態ではないのだから、人の顔を探し求めるように裸体を探し求めることはできない。暗がりに半裸の女たちが少しだけ見える。裸体がぼんやり発光している。私は女たちの秘密を知らないのだから、手袋とストッキングを脱がすことはできるだろう。だが裸体に手を触れることはできない。できないのだ。

（二〇二三年三月）

24　数学は発狂する

スクリーンの裏側にはいつも「深淵」があった。

ダーレン・アロノフスキー監督のどの映画も、深い淵がすぐそこにあることを予感させる。『レクイエム・フォー・ドリーム』も『レスラー』も『ブラック・スワン』もそうである。「数」を探し、それに憑かれた数学者である『π』の主人公コーエンは、運命に翻弄されるように、この深淵を覗き込むことになるだろう。だが数学者は、深淵を覗き込むことによって、逆にこの深淵に覗かれ、深淵の一部になることしかできない。我々は発狂するかもしれない。事実、「無限を見た」ために精神的破綻をきたし、非業の死を遂げた数学者だっている。「超限集合論」のゲオルク・カントールや「不完全性定理」のクルト・ゲーデルがそうである。

円周率「π」（3.141592653 5...）は無理数であって、行き着く果てがどこにもない。あらゆる日常の些事が数的重大事として次から次へと目の前に出現する。無理数に循環は生起しないし、もう世界に季節が巡ることはない。真理はこんな風に錯覚や幻影と踵を接している。それゆえ数学者は「信仰」にすがるだろう。彼らは確信する。すべての事象は個々の本性の連関において数式に置き換えることができるはずだ、と。株価、資本の動向、日々の珍事、旧約聖書の読解、囲碁、伝染病、気象……。太陽を凝視してはならない。それが主人公の母の教えだった。だが太陽にも隠れた黒い太陽がある。表にはつねに裏があるのだから、目が焼けても表裏を貫く法則を証明する数式を見つけ出さねばならない。円環が存在しないなら、道を果てまで突き進むしかない。「数」によってであれ、電気ドリルによってであれ、人は脳に穴を開けさえするだろう。

円周率は不可解なものとしか言いようがない。我々はいつも不可解な世界に接している。出来事の連なりに終わりはないのだ。それは脳の内的作用が見ることを強要する世界の構造の特徴であって、この事象の連続において、我々はそれに反応する自らの思考をさらに反省することが難しい。だがピタゴラスやダ・ヴィンチのような人がいる。一瞬の発見や美しい渦巻きがこの世にはある。反復と連続は実在的確証をもつのか。数字と世界は本当に対応しているのか。それがこの映画のテーマである。やはり我々は発狂せざるをえないのだ。

何としても数の法則を見つけ出さなければならないだろう。あらゆる現象は見る見るうちに消え去るからだ。「現象は過ぎ去り、私は法則を探す」。十九世紀の詩人ロートレアモン（イジドール・デュカス）はそう言った。生きるとはこの探究に等しいではないか。そして法則の果てにはひとつの意志が生じ、この意志はたいてい自分の人生を破壊するのだが、あげくのはてに数学者はこの意志を数学的概念の来たるべき意味だと見なすようになる。人はコンピュータを完璧なものにしようと必死になるのである。大方の議論に反して、どうやらＡＩの理解しないコンピュータがあるらしい。

中世カバラの聖書読解法にゲマトリアという秘められた方法がある。ヘブライ文字は「数」に対応しており、それを使って神秘主義者であるカバラ主義者は旧約聖書の「モーセ五書」を解読しようとした。何と、新約聖書がじつはヘブライ語で書かれたものであることを証明するために、文字と数のこの対応関係によって「ヨハネの福音書」を解読する学者もいるくらいだ。いずれにせよゲマトリアによって聖書を一種のコンピュータと見なすのである。そこにはすべての事象が透かし文字のように現れる。この透かし文字はあらゆる出来事を指している。消しても消しても復元できるパランプセストのように、タブラ・ラサ（白紙還元）がこの世界の日常を上書きしているが、しかしコンピュータの電源を抜いてしまえば「自分」以外のものはリセットされる。だから数による世界、あるいは数学的現実はいつも陰謀に満ちていて、それに取り巻かれている。映画に登場する株屋やカバラ主義者は主人公の頭のなかの数字を何としても知りたがるだろう。こうしてあらゆる信仰は政治や経済や宗教や科学を陰謀に加担させる。

それなら暗号としての「数」は「ノイズ」のように外からやって来るのだろうか。世界はノイズに満ちているではないか。音楽もその一変形にすぎない。3と4の間にある無理数も一種のノイズである。それが頭のなかで鳴り響く。耳を押さえても無駄だ。治療法はない。主人公の強烈な頭痛はこのノイズのせいである。何かが起きている。地下鉄のプラットホームで手から血をしたたらせる男、列車のなかで歌う老人、虫……。これらはノイズのように、スクリーンをよぎる偽映像のように現れるが、この映画で鳴り続ける九〇年代テクノミュージックもノイズの予兆である。

何をおいてもまず「数」があり、それは厳然たる事実であって、この映画が言うとおり「数」は世界から隠されている。ところで私の若い友人に無限を研究する数学者がいるのだが（非凡な彼はＤＪも医学もやっている）、いつまで彼は正気を保てるだろうか。

（二〇二四年二月）

初出一覧

1 砂漠の日本人……現代思潮新社『コラム 鈴木創士の部屋』一三一回、二〇二一年二月、http://www.gendaishicho.co.jp/news/n39340.html。

2 孤独の発見……『ユリイカ』五六巻十号、青土社、二〇二四年、二一三―二二〇頁。

3 少年……『コラム 鈴木創士の部屋』一三七回、二〇二一年八月、http://www.gendaishicho.co.jp/news/n42560.html。

4 ゴダール、ダコール Godard, d'accord……『コラム 鈴木創士の部屋』一五一回、二〇二二年十月、http://www.gendaishicho.co.jp/smp/news/n49439.html。

5 セリーヌ・ロックンロール……魔術の庭『The Golden Age of Louis Ferdinand Céline's Rock and Roll』、DD-017 Pataphysique Records より二〇二五年発売予定。

6 アントナン・アルトーと音楽……『コラム 鈴木創士の部屋』一六三回、二〇二三年十月、http://www.gendaishicho.co.jp/smp/news/n54447.html。

7 母の幻覚……『コラム 鈴木創士の部屋』一〇七回、二〇一九年二月、http://www.gendaishicho.co.jp/smp/news/n28485.html。

8 友情……『コラム 鈴木創士の部屋』一一三回、二〇一九年八月、http://www.gendaishicho.co.jp/smp/news/n31006.html。

9 どんな風に? サミュエル・ベケット」『コラム 鈴木創士の部屋』一五二回、二〇二三年一月、http://www.gendaishicho.co.jp/smp/news/n49925.html。

10 後ろ向きのベケット……『コラム 鈴木創士の部屋』一四九回、二〇二二年八月、http://www.gendaishicho.co.jp/smp/news/n48577.html。

11 里程標 アンドレ・ブルトンを讃える……『現代詩手帖』六〇巻三号、思潮社、二〇一七年、五九―六三頁。

12 修羅の春 宮澤賢治……『西川徹郎研究』第Ⅲ集、西川徹郎記念文学館、二〇二二年十一月、三六―四〇頁。

13　拝火落日　石川淳のことなど……『コラム　鈴木創士の部屋』一三五回、二〇二一年六月、http://www.gendaishicho.co.jp/smp/news/n41433.html。
14　懃服は我にありや　大泉黒石……『河口から』IX、李村敏夫個人誌、二〇二三年十月、八六―九三頁。
15　ジャコメッティ　ジャン・ジュネの余白に……『コラム　鈴木創士の部屋』六六回、二〇一五年九月、http://www.gendaishicho.co.jp/smp/news/n46595.html。
16　石は何を叫ぶのか　エゴン・シーレ……『ユリイカ』、五五巻三号、青土社、二〇二三年二月、七三―七九頁。
17　さっきまで雨が――福山知佐子……『あんちりおん』3、球形工房、二〇一五年七月、二二―二七頁。
18　病んだ天体　渡辺千尋の銅版画作品のために……『螺旋階段』第九九号、ギャルリー宮脇、二〇一五年四月。
19　我々はそこにいた　EP－4　反メディア年代記のために……EP－4『リンガフランカ DELUXE』、日本コロムビア、二〇一一年。
20　動いてはならない　室伏鴻……『アンチ・ダンス　無為のコレオグラフィ』水声社、二〇二四年、一〇九―一三〇頁。
21　外は遠い　上演されなかった室伏鴻『真夜中のニジンスキー』をめぐって……『室伏鴻と苛烈な無為』Vol.2、二〇二一年七月、https://ko-murobushi.com/midnight/jp/。
22　真夏の吸血鬼　裸のラリーズ　水谷孝……『裸のラリーズ詩集』、The Last One Musique、二〇二三年十二月、二一一―二二四頁。
23　裸体　写真家中村趫のために……中村趫作品集『Les Amies』、午睡書架より二〇二五年刊行予定。
24　数学は発狂する……『π』デジタルリマスター劇場用プログラム、松竹、二〇二四年三月。

＊　5、12、14、16、21、22、23は『コラム　鈴木創士の部屋』に掲載。

著者について――

鈴木創士（すずきそうし）　作家、フランス文学者、ミュージシャン。著書に、『離人小説集』（幻戯書房、二〇二〇年）、『うつせみ』（作品社、二〇二〇年）、『芸術破綻論』（月曜社、二〇二二年）、『アンチ・ダンス――無為のコレオグラフィ』（共著、水声社、二〇二四年）、編著に、『アルトー横断　不可能な身体』（月曜社、二〇二三年）、訳書に、エドモン・ジャベス『問いの書』（一九八八年）、『ユーケルの書』（一九九一年）、『書物への回帰』（一九九五年、以上、水声社）、『ランボー全詩集』（二〇一〇年）、アルトー『ヘリオガバルスあるいは戴冠せるアナーキスト』（二〇一六年）、『演劇とその分身』（二〇一九年、以上、河出文庫）、『アルトー・ル・モモ』（共訳、月曜社、二〇二二年）、最新ＣＤに森田潤との共作『残酷の音楽』（Disque d'Ailleurs）、『帝国は滅ぶ～我々は決して働かない』（wind and dine）などがある。

装幀——宗利淳一

冒険者たち――特権的文学のすすめ

二〇二五年三月一五日第一版第一刷印刷　二〇二五年三月二五日第一版第一刷発行

著者――鈴木創士

発行者――鈴木宏

発行所――株式会社水声社
東京都文京区小石川二―七―五　郵便番号一一二―〇〇〇二
電話〇三―三八一八―六〇四〇　FAX〇三―三八一八―二四三七
［編集部］横浜市港北区新吉田東一―七七―一七　郵便番号二二三―〇〇五八
電話〇四五―七一七―五三五六　FAX〇四五―七一七―五三五七
郵便振替〇〇一八〇―四―六五四一〇〇
URL : http://www.suiseisha.net

印刷・製本――精興社

ISBN978-4-8010-0861-8

水声文庫

映画美学入門　淺沼圭司　四〇〇〇円
制作について　淺沼圭司　四五〇〇円
宮澤賢治の「序」を読む　淺沼圭司　二八〇〇円
昭和あるいは戯れるイメージ　淺沼圭司　二八〇〇円
物語るイメージ　淺沼圭司　三五〇〇円
物語と日常　淺沼圭司　二五〇〇円
平成ボーダー文化論　阿部嘉昭　四五〇〇円
ソレルスの中国　阿部静子　二〇〇〇円
幽霊の真理　荒川修作＋小林康夫　三〇〇〇円
『悪の華』を読む　安藤元雄　二八〇〇円
フランク・オハラ　飯野友幸　二五〇〇円
映像アートの原点　一九六〇年代　飯村隆彦　二五〇〇円
マヤ・デレン　石井達郎　三〇〇〇円
現代ロシア演劇　岩田貴　三二〇〇円
温泉文学史序説　岡村民夫　二八〇〇円
バルザック詳説　柏木隆雄　四〇〇〇円
マーガレット・アトウッド『侍女の物語』を読む　加藤めぐみ＋中村麻美編　三五〇〇円
ヒップホップ・クロニクル　金澤智　二五〇〇円
アメリカ映画とカラーライン　金澤智　二八〇〇円
ソヴィエト科学の裏庭　金山浩司編　三五〇〇円
三木竹二　木村妙子　四〇〇〇円
ロラン・バルト　桑田光平　二五〇〇円
危機の時代のポリフォニー　桑野隆　三〇〇〇円
小説の楽しみ　小島信夫　一五〇〇円
書簡文学論　小島信夫　一八〇〇円
演劇の一場面　小島信夫　二〇〇〇円
クリスチャンにささやく　小林康夫　二五〇〇円
《人間》への過激な問いかけ　小林康夫　三〇〇〇円
死の秘密、《希望》の火　小林康夫　三八〇〇円
零度のシュルレアリスム　齊藤哲也　二五〇〇円
実在への殺到　清水高志　二五〇〇円
マラルメの〈書物〉　清水徹　二〇〇〇円
美術・神話・総合芸術　白川昌生　二八〇〇円
美術館・動物園・精神科施設　白川昌生　二八〇〇円
西洋美術史を解体する　白川昌生　一八〇〇円
贈与としての美術　白川昌生　二五〇〇円
美術、市場、地域通貨をめぐって　白川昌生　二八〇〇円
ジョージ・オーウェル『一九八四年』を読む　秦邦生編　三〇〇〇円
戦後文学の旗手 中村真一郎　鈴木貞美　二五〇〇円
シュルレアリスム美術を語るために　鈴木雅雄＋林道郎

二八〇〇円
サイボーグ・エシックス　高橋透　二〇〇〇円
モートン・フェルドマン　高橋智子　三八〇〇円
(不)可視の監獄　多木陽介　四〇〇〇円
マンハッタン極私的案内　武隈喜一　三二〇〇円
黒いロシア白いロシア　武隈喜一　三五〇〇円
魔術的リアリズム　寺尾隆吉　二五〇〇円
桜三月散歩道　長谷邦夫　三五〇〇円
マンガ編集者狂笑録　長谷邦夫　二八〇〇円
マンガ家夢十夜　長谷邦夫　二五〇〇円
変声譚　中村邦生　二八〇〇円
ブラック・ノート抄　中村邦生　二五〇〇円
幽明譚　中村邦生　二八〇〇円
転落譚　中村邦生　二八〇〇円
未完の小島信夫　中村邦生＋千石英世　二五〇〇円
本の庭へ　西澤栄美子　一六〇〇円
オルフェウス的主題　野村喜和夫　二八〇〇円
シュルレアリスムへの旅　野村喜和夫　三〇〇〇円
パラタクシス詩学　野村喜和夫＋杉中昌樹　三〇〇〇円
越境する小説文体　橋本陽介　三五〇〇円
ナラトロジー入門　橋本陽介　二八〇〇円
カズオ・イシグロ　平井杏子　二五〇〇円
カズオ・イシグロの世界　平井杏子＋小池昌代＋阿部公彦＋中川僚子＋遠藤不比人他　二〇〇〇円
カズオ・イシグロ『わたしを離さないで』を読む　田尻芳樹＋三村尚央編　三〇〇〇円
カズオ・イシグロと日本　田尻芳樹＋秦邦生編　三〇〇〇円
「日本」の起源　福田拓也　二五〇〇円
〈もの派〉の起源　本阿弥清　三二〇〇円
絵画との契約　山田正亮再考　松浦寿夫＋林道郎他　二五〇〇円
現代女性作家の方法　松本和也　二八〇〇円
現代女性作家論　松本和也　二八〇〇円
川上弘美を読む　松本和也　二八〇〇円
太宰治『人間失格』を読み直す　松本和也　二五〇〇円
ジョイスとめぐるオペラ劇場　宮田恭子　四〇〇〇円
イメージで読み解くフランス文学　村田京子　三五〇〇円
モードで読み解くフランス文学　村田京子　四〇〇〇円
福永武彦の詩学　山田兼士　二五〇〇円
魂のたそがれ　湯沢英彦　三二〇〇円
金井美恵子の想像的世界　芳川泰久　二八〇〇円
歓待　芳川泰久　二二〇〇円
宮川淳とともに　吉田喜重＋小林康夫＋西澤栄美子　一五〇〇円
洞窟の経験　吉田裕・福島勲編　三〇〇〇円　［価格税別］